国家社科基金项目（13BJY023）

引资竞争视角下 FDI
对中国经济绩效的影响研究

宋一弘　著

中国金融出版社

责任编辑：肖丽敏
责任校对：张志文
责任印制：赵燕红

图书在版编目（CIP）数据

引资竞争视角下 FDI 对中国经济绩效的影响研究/宋一弘著．—北京：中国金融出版社，2019.3
ISBN 978 - 7 - 5049 - 9837 - 8

Ⅰ.①引…　Ⅱ.①宋…　Ⅲ.①外商直接投资—影响—中国经济—经济增长—研究　Ⅳ.①F124.1

中国版本图书馆 CIP 数据核字（2018）第 247575 号

出版
发行　**中国金融出版社**
社址　北京市丰台区益泽路 2 号
市场开发部　（010）63266347，63805472，63439533（传真）
网 上 书 店　http://www.chinafph.com
　　　　　　（010）63286832，63365686（传真）
读者服务部　（010）66070833，62568380
邮编　100071
经销　新华书店
印刷　北京市松源印刷有限公司
尺寸　169 毫米 ×239 毫米
印张　13
字数　182 千
版次　2019 年 3 月第 1 版
印次　2019 年 3 月第 1 次印刷
定价　42.00 元
ISBN 978 - 7 - 5049 - 9837 - 8
如出现印装错误本社负责调换　联系电话（010）63263947

前　　言

自 20 世纪 70 年代末实施改革开放以来，外商直接投资（FDI）开始大举进入中国。经过四十年的发展，FDI 在总体上对缓解中国的资本短缺、推动技术创新和促进经济增长等产生了积极作用，已经成为中国社会经济持续向好发展的基础性要素。但与此同时，在中央政府对地方政府实行"经济分权"和"政治晋升"的制度安排下，地方政府为追求政绩，在引进 FDI 的过程中产生了激烈的竞争，进而导致了引资行为的扭曲，最终对中国整体经济绩效造成了负面影响。本书在借鉴前人成果的基础上，首先构建出一个"引资竞争视角下 FDI 影响中国经济绩效"的理论分析框架，然后通过建立计量经济模型，分别对以下两方面内容进行实证检验：一是 FDI 对中国经济在资本、技术、制度、市场等方面产生的效应；二是 FDI 是否促进了中国经济的清洁增长。

通过研究，我们得到了以下结论：

第一，改革开放在总体上促进了中国经济的市场化发展，对中国社会的进步具有积极作用，而在"经济分权"和"政治晋升"的特殊制度安排下，地方政府为追求短期化、表面化政绩，在引资过程中异化了竞争行为，进而弱化了 FDI 对区域经济的市场化改良效果；地方政府与外资企业在引资谈判中处于不对等的议价地位，导致了前者对后者的"依从"，或者在最大化利益驱使下地方政府与外资企业存在"政企合谋"，造成了社会总体福利耗损。

第二，FDI 在总体上对中国经济产生了显著的资本效应、技术效应、市场效应和制度效应，但四类效应对中国经济的发展方向表现出明显的差异性。FDI 的资本效应和技术效应对缓解中国国内资本短缺和提升内资企业技术水平具有显著的正向效应；FDI 的市场效应更多地表现为外资商品对内资商品的挤占甚至挤出，即负向效应；FDI 的制度变迁效应在总体上具有积极作用，主要体现为促进了政府公共服务水平和提高了行政效率。

第三，FDI 对各个地区的经济效应表现出显著差异性。FDI 促进了东部地区经济的市场化发展，FDI 的资本效应和技术效应对东部地区经济具有正向影响，并且技术效应的作用强于资本效应，FDI 的市场效应对东部地区经济具有显著的负向影响，FDI 流入对东部地区经济表现出积极的制度变迁效应，并且该效应大多通过资本和技术渠道获得，而较少通过消费（市场）渠道获得；在中部地区，FDI 的资本效应和技术效应对地区经济产生了显著的正向影响，FDI 的市场效应同样表现出外资商品对内资商品的挤占甚至挤出，FDI 的制度变迁效应主要通过资本和消费（市场）渠道获得，而较少由技术渠道获得；在西部地区，FDI 流入并未显著提高该区域的市场化程度，相反，它在一定程度上加剧了区域市场分割。

第四，FDI 流入在一定程度上加剧了中国行业经济的分化发展。FDI 流入后，它对农、林、牧、渔等行业的市场化发展具有负向影响，而对制造业等行业的市场化发展具有正向影响；在主要行业中，FDI 的资本效应和技术效应差异显著，FDI 的市场效应表现出外资商品对内资商品的挤占或者挤出，FDI 的制度变迁效应大多通过资本渠道和技术渠道获得，而较少通过消费（市场）渠道获得。

第五，FDI 流入对不同所有制企业发展具有显著影响，但同时存在明显差异。FDI 流入对三类所有制企业（国有企业、民营企业和混合企业）的市场化发展都具有正向影响；FDI 的资本效应和技术效应在三类所有制企业中都产生了正向效应，FDI 的市场效应对国有企业具有正向影响，对其他两类企业（民营企业和混合企业）表现出负向效应；FDI 的制度变迁效应主要体现在民营企业和混合企业中，而在国有企业不显著。

第六，FDI 流入产生的资本效应和技术效应促进了中国经济绩效的提升，但外资企业日益增强的市场控制力导致其在中国某些市场上形成了"寡占"，从而表现出对内资企业的市场攫取效应；FDI 在进入中国行业和企业的过程中具有明显的"关系维护"和"合谋"特征，该特征不仅强化了中国某些行业的垄断程度和"国进民退"趋势，还进一步阻碍了民营经济发展。

第七，引资竞争背景下的 FDI 流入并没有改善中国的腐败现象，反而在一定程度上起到了恶化作用；样本期内，腐败与 FDI 呈倒"U"形关系，并且在总体上二者目前还处于前半阶段，即腐败对 FDI 具有"润滑效应"；中国经济绩效具有腐败与 FDI 相互强化推进的可能，即中国经济增长存在"腐败式增长"的特征，并且这种特征具有显著的地区差异和时间差异。

当下，中国应积极调整外资战略，将引资重心从重"量"转变到重"质"上来，进一步发挥 FDI 的正向经济效应，以促进中国经济的持续、快速和清洁发展。为此，首先，规范地方政府的引资和用资行为，通过优化制度安排，推进引资与用资的机制建设，弱化政府行为的盲目性和自利性，提高制度质量对 FDI 的"拉力"；其次，中国今后的引资政策应该以产业的"东转（移）西承（接）"和产业升级为核心，通过实施差异化的引资策略，提高 FDI 与中国各区域经济现状和特征的匹配性；最后，应当积极调整和优化 FDI 在中国各行业和不同所有制企业中的分布，以促进中国行业经济的高端化发展，并通过消除政策在企业间的"内外有别"和"政治性主从次序"歧视，为不同所有制企业营造平等的发展环境。

作者：宋一弘

2018 年 8 月 20 日

目　　录

1 绪论 ……………………………………………………………… 1

  1.1 研究背景与提出问题 ………………………………………… 1

  1.2 概念界定与说明 ……………………………………………… 5

    1.2.1 关于外商直接投资概念的说明 …………………………… 5

    1.2.2 关于外商直接投资经济效应的说明 ……………………… 7

    1.2.3 关于 FDI 流入不同所有制企业的说明 ………………… 7

  1.3 研究目标、思路及方法 ……………………………………… 8

  1.4 研究框架及内容 ……………………………………………… 9

    1.4.1 研究框架 …………………………………………………… 9

    1.4.2 研究内容 …………………………………………………… 9

2 文献评述 …………………………………………………… 12

  2.1 引言 …………………………………………………………… 12

  2.2 外商直接投资经济效应的理论演进 ………………………… 13

    2.2.1 资本效应 …………………………………………………… 13

    2.2.2 技术效应 …………………………………………………… 15

    2.2.3 制度效应 …………………………………………………… 17

    2.2.4 市场效应 …………………………………………………… 20

2.3 国内外证实研究成果 …………………………………… 22

    2.3.1 FDI 经济效应研究 ……………………………… 22

    2.3.2 FDI 经济效应的进一步探讨：腐败与经济增长 …… 33

2.4 本章小结 ……………………………………………… 41

3 引资竞争视角下 FDI 对中国经济绩效的影响：理论框架 …… 43

3.1 引言 …………………………………………………… 43

3.2 FDI 经济效应的理论分析 …………………………… 44

    3.2.1 基本分析 ………………………………………… 44

    3.2.2 进一步解释 ……………………………………… 48

3.3 FDI 经济效应的进一步探讨：腐败与经济增长 …… 49

    3.3.1 基本分析 ………………………………………… 50

    3.3.2 进一步解释 ……………………………………… 53

3.4 本章小结 ……………………………………………… 55

4 中国利用 FDI 的政策演进与主要特征 …………………… 57

4.1 引言 …………………………………………………… 57

4.2 中国引资政策的演进 ………………………………… 57

4.3 FDI 在中国发展的主要特征 ………………………… 67

    4.3.1 FDI 来源地构成 ………………………………… 67

    4.3.2 FDI 在中国的地区分布 ………………………… 70

    4.3.3 FDI 在中国的行业分布 ………………………… 75

    4.3.4 FDI 占全社会固定资产投资比重与投资模式 …… 77

4.4 本章小节 ……………………………………………… 79

5 FDI 对中国经济增长的效应分析 ……………………… 81

5.1 引言 …………………………………………………… 81

5.2　模型设定与变量度量 ·· 82

　　5.2.1　模型设定 ··· 82

　　5.2.2　变量度量 ··· 83

5.3　变量处理与数据说明 ·· 87

　　5.3.1　变量处理 ··· 87

　　5.3.2　数据说明 ··· 90

5.4　计量检验与结果分析 ·· 92

　　5.4.1　全样本检验 ·· 92

　　5.4.2　分地区检验 ·· 96

　　5.4.3　分行业检验 ·· 104

　　5.4.4　分企业所有制检验 ··· 115

5.5　本章小结 ·· 120

6　FDI 促进了中国经济的清洁增长吗 ······················· 123

6.1　引言 ·· 123

6.2　模型设定、变量度量及数据说明 ······························ 124

　　6.2.1　模型设定 ··· 124

　　6.2.2　变量度量及数据说明 ······································ 125

6.3　计量检验与结果分析 ·· 129

　　6.3.1　全样本检验 ·· 129

　　6.3.2　分地区检验 ·· 132

　　6.3.3　分时期检验 ·· 139

6.4　稳健性检验 ·· 147

6.5　本章小结 ·· 154

7　结论与展望 ·· 157

7.1　主要结论、政策含义与创新点 ································· 157

7.1.1　主要结论 ·· 158

7.1.2　政策含义 ·· 162

7.1.3　可能的创新点 ·· 167

7.2　研究不足与展望 ··· 168

参考文献 ·· 171

致谢 ·· 194

1 绪 论

1.1 研究背景与提出问题

随着经济全球化的深入发展，国家间的交流与合作日益频繁。作为跨国经济活动的重要组成部分，外商直接投资（Foreign Direct Investment，FDI）在全球流动的金额逐年增加。1990 年，FDI 的全球流动量为 2075 亿美元，而到 2017 年，该数字达到 14300 亿美元，前后比较增加了 5.89 倍。伴随着 FDI 流动量的增加，它在区际流向上也呈现出显著的变动趋势。1990 年，发达国家、发展中国家和转型国家吸收的 FDI 金额分别为 1725 亿美元、349 亿美元和 0.75 亿美元，而到 2017 年，这一数字分别增加到 7120 亿美元、6710 亿美元和 470 亿美元，同比分别增长了 3.13 倍、18.23 倍和 625.67 倍，表现出发展中国家及转型国家的引资能力不断增强，而发达国家趋于弱化的特征（UNCTAD，2017）。针对上述现象，学界研究认为，发展中国家（转型国家）之所以表现出对 FDI 的普遍热情，主要原因是他们认为 FDI 会将其内含的资本、技术、制度等因子带入东道国，从而对其社会经济产生重大影响，包括缓解资本短缺（Chenery 和 Strout，1966），推动技术创新（Borensztein、Gregorio 和 Lee，1998），促进经济增长等（Farrokh Nourzad，2008；Thanh 和 Duong，2011；Pegkas，2015；葛文进和俞立平，2017）。

从本质上看，FDI 在全球快速流动的根本动力是对最大化利润的追逐。

1

那么，哪些因素将对它们的区际流向产生影响？对于该问题，学界的研究主要分为两类，一类是关于东道国资源禀赋与 FDI 流动的关系研究。Kojrma（1978）认为 FDI 的流动动机主要包括自然资源导向、市场导向、生产要素导向和企业国际化导向。对于以自然资源和市场为导向的 FDI，它们较为关注东道国的资源禀赋及市场潜力；而以生产要素和国际化为导向的 FDI，它们则更加关注东道国的劳动力成本及合作空间。在此基础上，Navaretti 和 Barba（2004）将 FDI 分为垂直型和水平型两类。对于垂直型 FDI，它们主要受东道国市场规模驱动；而对于水平型 FDI，它们则更加关注东道国的要素禀赋。与其持相近观点的还有 Deng（2003），他从经济发展水平的视角对 FDI 的投资动机进行了研究，认为发达国家由于受本土资源禀赋、民众环保意识、国家资源战略等影响而保守开发，国内从事资源密集型的企业不得不向具有资源禀赋优势的国家转移，从而表现出"要素寻求"动机；而在发展中国家或欠发达国家，企业更为缺乏的是技术、品牌、管理经验等战略性资产，从而对于有条件"走出去"的企业，它们在与外资合作或兼并他国境内企业的过程中表现出强烈的"战略资产寻求"动机（Cheng 和 Qian，2008）。后来，毛其淋和许家云（2016）进一步研究发现，不同导向的 FDI 产生的溢出效应也不一样，以市场为导向的 FDI 表现出显著的水平溢出效应，而以出口为导向的 FDI 更多地表现出垂直溢出效应。进一步地，李怡和李平（2018）从价值链的角度就不同导向的 FDI 对中国价值链升级进行了研究，发现市场导向型的 FDI 对价值链升级具有显著的促进作用，而出口导向型的 FDI 对价值链的促进作用有限。

另一类是关于东道国制度与 FDI 流动的关系研究，OECD（2003）研究报告指出，一个国家的经济绩效在相当程度上取决于国内政治制度及法律环境，在公平制度缺失、"法律不被信仰"的国家，政府具有通过重税向企业收取租金的"冲动"，企业为求生存，将采取非正常手段来应对此类政府行为。同时，当企业适应了这些国家的"气候"之后会加倍向民众索取，从而造成国民福利的整体下降（Lucas，1988）。这与孙早和王文（2011）的观点相近，他们认为在一个制度不健全、"法律不被信仰"的国家，FDI 要么表现出十分脆弱的生存能力，要么发生"异化"，通过行贿等非正常手段主动向权力寻求庇护来获取"制度暴利"。Kahai（2004）研究指出，一个国家的政府治理水平越高、贸易保护越少，外资企业到境内投资的交易成本就越低，因此东道国家的制度质量对 FDI 具有"拉力"效果。Habib 和 Zubawicki（2002）通过对意大利、德国等国家的研究，发现政府治理水平和行政效率对 FDI 流入具有显著的正向作用，腐败会严重影响 FDI 的流动速度及规模。持同一观点的还有 Mauro（1995）和 Wei（2000）等人，他们发现腐败会明显增大 FDI 流动过程中的阻力，政府官员为获取贿赂，会延长外资进入的审批时间，增加审批程序，从而挫伤外商的积极性，弱化 FDI 的流入动力。岳咬兴和范涛（2014）从制度环境的视角，就中国对亚洲直接投资的区位分布进行了研究，发现中国 FDI 总体偏向于自身制度差距较大且制度环境较差的国家或地区，但与自身制度环境差距较小的国家更加吸引中国的市场规模和效率寻求型 FDI。与此持相同观点的还有张云飞（2015），他通过研究认为，东道国的禀赋条件和制度安排对 FDI 的区位选择具有不可忽视的作用，并且 FDI 在选择投资目的地时都表现出显著的"制度接近性"特征。

作为全球最大的发展中国家，中国自 20 世纪 70 年代末实行对外开放以来，流入国内的 FDI 金额快速增加。2017 年，中国实际利用 FDI 金额达到 1310 亿美元，与 1990 年的 35 亿美元相比，增加了 37.43 倍，远高于世界发展中国家在该时期的平均倍数（18.23 倍）。面对上述现象，人们不禁会问，哪些因素促进了 FDI 大量进入中国？ FDI 流入后，它对中国经济绩效产生了怎样的影响？对于第一个问题，我们认为，FDI 大举进入中国，不仅是因为其具有显著的资源禀赋优势，可能更为重要的原因是，改革开放以来的制度安排为 FDI 流入提供了显性（地方政府的引资竞争）和隐性（官员腐败）的便利，使其充分享受了经济转型带来的制度和政策红利。

从显性的制度安排看，随着改革开放的深入，自 20 世纪 80 年代开始，中央政府一方面通过分税制改革将部分权限下放给地方政府，以提高后者发展辖区经济的积极性；另一方面中央政府在政治治理上依然保持集权领导，实行上级对下级的垂直管理，这样中央政府对地方政府就形成了"经济分权"激励与"政治集权"控制的独特治理结构。为实现政治晋升，地方官员在"以经济建设为中心"的背景下表现出强烈的"唯经济增长是重"趋向，竞相追求短期化、表面化的政绩，从而形成了锦标赛竞争。为了在竞争中胜出，地方官员都将尽可能实现以政绩为中心的目标函数最大化，表现出在各个方面"为增长而展开竞争"的强激励（傅勇和张晏，2007）。对于 FDI，由于它能够有效缓解内资短缺、推动技术创新和促进经济增长，进而有利于政绩目标的实现，从而成为地方政府争夺的对象，最终产生了激烈的引资竞争现象。

从隐性的制度安排看，经济分权虽然激发了地方政府发展辖区经济的积极性，但同时也可能恶化了官员的腐败行为（Treisman，2000）。中央政府通过政治晋升虽然可以对锦标赛竞争中的胜利者进行"奖励"，但在中国长期的制度机制下，官员作为普通民众的正常收入水平往往与其具有的社会层次、生活水平不符，工资收入增长缓慢，没有反映出经济发展带来的成果"共享"。因此，官员基于经济人的理性将会"盘活"手中资源来增长自身的私利（Leiken，1996）。外资企业进入后，它们具有比国内企业更强的效率意识，为了减少官员不作为对自身造成的"时间税"，外资企业具有向其支付"行贿税"的动力（Rosa et al，2010）。同时，外资企业为了获得优质资源、合约、授权、配额等优先权，会主动向官员靠近，通过发展非正式关系或"合谋"来"共同盈利"（黄亚生，2005）；或者他们利用地方政府对自身的"依从"，通过各种手段来影响立法、政策而对政府进行俘获（State Capture）（Qasim，2011），从而在整体上降低了国民福利。

对于第二个问题，我们认为，FDI 流入后，它对中国经济绩效产生了直接而深远的影响：一方面，FDI 作为母国资本、技术、制度、管理经验的"集成体"，它流入中国后对国内经济产生了积极的效应，比如通过缓解国内资本短缺而产生资本效应，通过促进技术水平提升而产生技术效应，通过与投资地政府交流合作而产生制度效应等。从这一角度看，FDI

业已成为推动中国社会经济发展的基础性要素。另一方面，FDI 流入后，它在中国区域分布上具有明显的"扎堆"现象（Sun，1998），其大部分都集中在东部沿海省份，而流向中西部地区的份额明显偏少，呈现出显著的地域不均衡分布特征，进而影响了中国区域经济的协调发展（Choi，2006；Basua 和 Guariglia，2007）。同时，外资企业不断利用地方政府对自己的"依从"来提高"超国民待遇"资格，从而影响了政府权力运用过程中的公益性（冈纳·缪尔达尔，1991），产生外资企业对政府的"俘获"；或者外资企业主动向政府靠近来寻求权力庇护，从而为官员谋取私利创造了机会，产生政企"共同盈利"目标下的腐败（乔尔·赫尔曼、杰林特·琼斯和丹尼尔·考夫曼，2009）。

本书基于中央政府对地方政府的"经济分权"与"政治晋升"的双重激励，从地方政府引资竞争的视角出发，利用中国多个层次的面板数据，就 FDI 进入后，它对中国经济绩效的影响进行研究。通过研究，我们试图回答如下问题：（1）随着中国对外开放的深入，大量 FDI 进入后，它一方面对中国整体经济产生了多个方面的影响（经济效应）；另一方面它加剧了中国区域经济的非均衡发展。那么，引资竞争背景下 FDI 的经济效应在不同层面（城市、行业、企业）有哪些具体表现、特征和差异？地方政府的引资行为是否扭曲了 FDI 经济效应的发挥？（2）随着 FDI 的大量流入，中国经济一方面呈现出强劲的增长势头，另一方面它在实现持续快速增长的同时又存在着较为严重的腐败现象。那么，腐败、FDI 与经济增长三者间具有怎样的关系？它们在不同地区又具有怎样的差异？

1.2 概念界定与说明

1.2.1 关于外商直接投资概念的说明

外商直接投资（Foreign Direct Investment，FDI）作为国际投资的重要形式，它也被称作国际直接投资（International Direct Investment，IDI）。对

于 FDI 的定义，目前学界还没有形成一致的结论。有的学者认为，外商直接投资的核心在于投资者对"经营资源"的关注，支持该观点的日本学者原正行（1992）认为，外商直接投资是企业"经营资源"的全球化转移，它主要包括人、财、物、信息等对企业经营发展起到决定作用的生产要素。与其持相同观点的还有日本学者小岛清（1987），他认为，外商直接投资是投资主体将资本、技术、管理经验、人力资源、设备等"经营资源"向东道国转移的行为。有的学者则认为，外商直接投资的核心在于投资者对"控制权"的掌握，澳大利亚学者 A. G. 肯伍德和 A. L. 洛赫德（1997）认为，外商直接投资不仅是投资者对投资企业经营管理的关注，更为重要的是他们对该企业实际控制权的要求。

在国际上，对外商直接投资的界定主要来自经济合作与发展组织（Organization for Economic Cooperation and Development，OECD）和国际货币基金组织（International Monetary Fund，IMF）。根据 OECD 对外商直接投资的定义，它是指"一个国家（地区）的跨国公司在母国之外的东道国企业建立长期投资关系，以获得持久利益为目的，并对投资行为进行有效控制的投资活动"。根据 IMFI 的定义，外商直接投资是指一国的投资者将资本用于他国的生产或经营，并掌握一定经营控制权的投资行为。换言之，它是一国（地区）实体（个体或企业）与他国的企业建立长期关系，享有持久利益并对其进行控制的投资行为，这种行为既涉及两个实体之间最初的交易，也涉及二者之间的所有后续交易。

在国内，根据 2001 年中华人民共和国国家统计局对外经济贸易统计指标解释，外商直接投资指的是"外国企业和经济组织或个人（包括华侨、港澳台胞以及我国在境外注册的企业）按我国有关政策、法规，用现汇、实物、技术等在我国境内开办外商独资企业、与我国境内的企业或经济组织共同举办中外合资经营企业、合作经营企业或合作开发资源的投资（包括外商投资收益的再投资），以及经政府有关部门批准的项目投资总额内企业从境外借入的资金"。根据国家统计局的规定，当一个企业的外资（包括港澳台）股本占注册资本的 25% 及以上，该企业则被看作是外商投资企业。因此，本书对外商直接投资概念的界定以中华人民共和国国家统计局的解释为准，FDI特指各类境外投资主体（包括华侨、港澳台胞以及我国在境外注册的企业）对中国境内的投资行为。

1.2.2　关于外商直接投资经济效应的说明

外商直接投资的经济效应（Economic Effects），一般是指外商直接投资进入后，它对东道国社会、政治、经济等各方面产生的诸多影响，这些影响既可能促进了东道国社会经济的发展与进步（正面效应），也可能对东道国原有的社会经济结构、秩序等产生冲击，甚至带来不利后果（负面效应），但对于它的准确定义，学界还没有形成一致的结论。同时，由于学者们研究侧重点的差异，他们对外商直接投资经济效应的内涵表述也存在差异，其中，有的学者关注经济效应的宏观指标，比如经济增长、资本形成、产业结构调整、国际贸易平衡等（崔校宁和李智，2003；赵蓓文，2009）；有的学者则更加关注它的微观意义，比如员工培训、交流产生的管理水平提升等（亓朋、许和连和艾洪山，2008；陈琳和林珏，2009）。

本书对外商直接投资经济效应的界定，既包含它在宏观层面（城市、地区）对中国经济的影响，也包含在微观层面（企业）对中国经济的影响。其主要考察FDI进入后，它经由资本、技术、消费（市场）等渠道对中国资本形成、技术进步、经济增长、制度变迁等产生的正面效应，也关注FDI流入可能对中国腐败治理、市场合理竞争、区域经济平衡发展等产生的负面效应。因此，这里的经济效应包括两个方面，其中，正面效应包括：资本增长效应、技术溢出效应、制度变迁效应等；负面效应包括：资本挤出效应、市场攫取效应等。

1.2.3　关于FDI流入不同所有制企业的说明

改革开放以来，中国企业所有制结构开始朝着多元化方向发展。为了科学、统一地划分国民经济中的企业类型，规范统计口径，正确反映和研究企业所有制结构，并更好地为宏观决策、管理等提供依据，国家统计局和国家工商行政管理总局于 1998 年联合印发了《关于划分企业登记注册类型的规定》（国统字〔1998〕200 号）的通知，该通知对中国境内的企业类型进行了严格界定和划分，共包括内资企业，港、澳、台商投资企业，外商投资企业 3 大类 16 小类。2011 年，国家统计局和国家工商行政管理总局在"国统字〔1998〕200 号"通知的基础上，对企业类型给予了进一步优化及调整，形成了最新的《关于划分企业登记注册类型的规定》（国统字〔2011〕86 号），该规定中，企业类型共包括 3 大类 18 小类。

本书对于外商直接投资进入企业类型的界定，主要依据"国统字〔2011〕86 号"标准进行划分，并根据研究重点，利用陈琳和林珏（2009）的方法，对企业所有制类型进一步合并，具体为：将国有独资及控股企业、集体所有制企业等具有公有制特征的企业归并为"国有企业"（SOE，Staet Own Enterprises），将私营独资企业、私营合伙企业、私营有限责任公司、私营股份有限公司等企业类型统称为"民营企业"（Private Own Enterprises，POE），将港、澳、台商投资企业，外商投资企业，国内不同所有者之间合资的企业以及由国内投资者与外国投资者之间合资的企业等统称为"混合企业"（Enterprises of the Composite - Ownership System，ECOS）。因此，书中有关 FDI 进入不同所有制企业的分类研究，均以此划分为依据。

1.3　研究目标、思路及方法

本书在已有研究成果的基础上，从地方政府间的引资竞争视角出发，就 FDI 流入后对中国经济绩效的影响进行了研究。全书的研究思路如下：

（1）提出本书的研究问题，确定研究出发点；

（2）文献收集、梳理和总结，所需数据的采集及研究方案的设计；

（3）构建一般性理论分析框架，并通过进一步分析形成有待检验的命题；

（4）梳理 FDI 流入后，它在中国经济发展过程中的典型事实和主要特征，描述和分析它与中国经济绩效的关系；

（5）基于前文的理论分析框架，先分别利用城市、行业和企业数据来检验 FDI 流入后，它对中国社会经济产生的各类效应，然后利用省际数据就腐败、FDI 与地区经济增长三者间的关系进行经验分析；

（6）结合研究结论，揭示出本书的政策意义，并对存在的不足及下一步研究进行说明。

基于上述的研究目标和思路，本书主要采用理论分析与经验研究相结合，文献佐证与实证检验为主体的研究方法。在理论分析方面，尝试性地构建了一个关于"引资竞争视角下 FDI 流入影响中国经济绩效"的理论框架。在经验研究方面，利用中国多个层面的数据对前文的命题进行了检验。最后根据研究结论提出具有借鉴性的政策建议。

1.4 研究框架及内容

1.4.1 研究框架

从研究框架看，全书共分为五个层次：首先，概述研究背景和拟解决的问题；其次，通过对文献的梳理和总结，确定研究起点；接下来是理论分析，即基于本书的研究视角，构建出一个一般性理论分析框架，并通过进一步解释，提出若干有待检验的命题；最后，利用中国多个层面的面板数据，对前面提出的命题进行经验研究；最后是结束语，包括研究结论和展望等（如图 1 - 1 所示）。

1.4.2 研究内容

在内容安排上，本书共分七章，主要包括：

第 1 章为绪论。该章是对全书的简要概括，主要介绍研究背景，提出拟解决的问题，确定研究目标、思路及研究方法，并对全书的结构框架和主要内容进行说明。

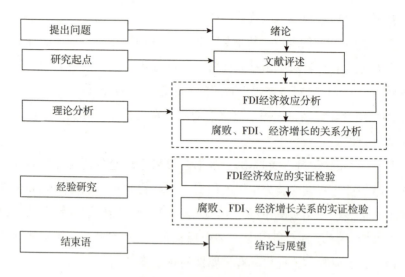

图 1-1 本书的结构框架

第 2 章是文献评述。本章主要梳理 FDI 经济效应的经典文献，并通过对相关文献的回顾和总结，力图为本书的研究提供一个合适的研究起点。具体而言，本章首先对 FDI 经济效应的理论文献进行了梳理和总结；其次在此基础上进一步梳理了有关腐败、FDI 和经济增长相互关系的文献；最后是确定研究起点，即在整理相关文献的基础上，提出应当从何处展开下一步工作。

第 3 章是理论框架。本章在借鉴已有研究成果的基础上，结合研究重点，构建出一个有关"引资竞争视角下 FDI 影响中国经济绩效"的一般性理论分析框架，并提出有待检验的命题。首先，从"经济分权"与"政治晋升"双重激励下的地方政府引资竞争这一视角出发，分析 FDI 流入后，它产生的经济效应对当地及周边地区经济绩效（收益）的影响；其次，针对 FDI 促进中国经济持续快速增长过程中并存的腐败现象，将其纳入分析框架，重点就腐败、FDI 与经济增长三者间的相互关系进行分析；最后是本章小结。

第 4 章是中国利用 FDI 的政策演进与主要特征。主要就 1979 年以来 FDI 在中国的发展历程进行了总结性回顾，并利用中国 1994—2015 年的数据，对 FDI 的来源地构成、地区分布、行业分布、FDI 占国内固定资产投资比重以及进入模式等方面表现出的主要特点进行归纳和比较，从而为后面的经验研究做准备。

第 5 章是 FDI 对中国经济增长的效应分析。主要的研究发现包括：样本期内，中国经济的市场化程度正逐步提高，但地方政府间的引资竞争延缓了市场化进程，地方保护主义导致的"诸侯经济"弱化了中国经济绩效的整体性提升；FDI 流入中国后产生了显著的经济效应，但该效应对中国经济绩效表现出多面性：资本效应和技术效应促进了中国经济绩效的提升，市场效应对中国经济绩效具有负面影响，而制度效应对中国经济绩效的影响则不确定。

第 6 章是对前一章的延伸，主要针对 FDI 在促进中国经济持续快速增长过程中并存的腐败现象，就腐败、FDI、经济增长三者间的关系进行经验分析。主要的研究发现包括：样本期内，FDI 流入并没有对中国的腐败现状产生改善，相反，一定程度还存在恶化的趋势；腐败与 FDI 流入具有倒"U"形曲线关系，但同时存在明显的区际差异；腐败与 FDI 的交互项在不同样本中表现出显著的差异性，在东部地区，交互项的结果表明，由于腐败对 FDI 产生了抑制效应，二者交互的结果是进一步弱化了 FDI 经济效应的充分发挥，对于其他样本，由于腐败对 FDI 产生了"润滑效应"，二者交互结果表明经过"润滑"的 FDI 对经济产生了显著的"增长效应"。

第 7 章是全书的结束语，包括研究的主要结论，蕴含的政策含义，可能存在的边际贡献，存在的不足以及进一步研究方向。

2 文献评述

2.1 引 言

长期以来，外商直接投资一直是学界研究的重点，也取得了丰硕的成果。本章的目的在于通过对相关文献的梳理和总结来为后文的研究寻求一个适当的逻辑起点。我们认为，本书探讨的是引资竞争视角下 FDI 对中国经济绩效的影响，那么一个合理的思路是：首先梳理和归纳有关 FDI 经济效应的理论文献；然后根据研究重点，对国内外相关实证研究成果进行梳理和总结；最后在上述工作的基础上确定全书的研究起点。图 2-1 给出了本章的逻辑框架图，首先就 FDI 流入产生的主要经济效应进行理论梳理和归纳，主要包括资本效应、技术效应、制度效应和市场效应；接下来梳理和总结国内外相关实证研究成果，主要包括 FDI 经济效应的分类，FDI 与

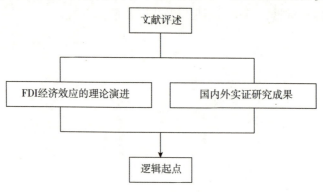

图 2-1 文献评述的逻辑梳理

腐败的关系、FDI 与经济增长的关系三个方面。需要说明的是，由于有关 FDI 影响经济绩效的文献资料十分丰富，数量庞大，我们难以穷尽，因而只能根据文章的逻辑需要和研究重点进行力所能及的梳理和评述。

2.2　外商直接投资经济效应的理论演进

关于 FDI 流入后对东道国产生经济效应的归纳，学界并没有得出统一的意见。一般认为，FDI 流入后，它将在以下几个方面对东道国产生直接而深远的影响，即缓解国内资本短缺，推动技术创新，提高政府效率和促进市场竞争等。基于此，本章主要从资本、技术、制度和市场四个方面进行梳理和归纳。

2.2.1　资本效应

资本效应（Capital Effects）是指 FDI 以资本形式流入东道国后，它对该国的资本形成、资本流动、资本挤入/挤出等产生的直接和间接影响。FDI 作为母国资本、技术、制度等要素的"集成体"，其最初就是以资本的形态进入东道国。外国投资者在寻求利润最大化的过程中，其输出的资金以资本形式参与到东道国的国民经济活动中，有效地缓解了东道国资本短缺压力，增强了东道国资本实力，为其经济发展提供了有力支持。对于 FDI 的资本效应，最早来源于 Rostow（1960）的研究，他首先提出发展中国家可以引入 FDI 来改善国内经济发展过程中出现的资本约束。在此之后，Chenery 和 Strout（1966）基于新古典经济增长理论框架，在 Harrod - Domar 模型的基础上提出了"双缺口模型"（Two Gap Model）。在该模型中，他们认为发展中国家在储蓄、技能、组织管理能力、进口商品和服务等方面存在着国内有效供给与实现经济发展目标所必需的资源需求量的双缺口，即储蓄缺口（Savings Gap）和外汇缺口（Foreign Currency Gap），而利用外资可以有效填补上述两个缺口，进而提高资本的稳定水平和促进东道国的经济发展。Findlay（1978）通过构建 FDI 与经济增长的数理模型，研究得出 FDI 的资本属性是推动东道国经济增长的重要源泉。Todaro（1994）对"双缺口模型"进行了拓展，形成了"三缺口模型"（Three Gap Model），认为 FDI 产生的资本效应，不仅可以弥补储蓄缺口和外汇缺口，同时还可以弥补国内资本不足形成的税收缺口。因此，FDI 流入有利于增强东道国经济增长过程中的稳定性和持续性，表现出 FDI 对东道国经济的"增长效应"。

然而，Griffin（1970）通过论证 FDI 与东道国储蓄及经济增长的关系，得出 FDI 流入可能增加东道国的消费支出，降低国内储蓄水平，减少国内资本的投资水平，进而对国内投资产生挤出效应。Mckinnon（1973）和 Shaw（1973）在其各自提出的金融自由化理论（Theory of Financial Liberalization）中认为，发展中国家只要通过合理的金融制度改革，就能够有效解决内资短缺问题，而不必依赖 FDI 流入，相反，FDI 可能对国内资本形成及经济增长产生负面影响，包括削弱国内的经济基础，扭曲经济结构、加剧经济波动等。Zhang（2001）运用差别寡头模型，就政府给予外国投资者优惠政策条件下的 FDI 进入/退出行为进行了研究，发现优惠政策将恶化 FDI 的流入，对内资产生了明显的挤出效应，最终造成国民福利的损失和经济的非正常波动。Guimaraes、Figueierdo 和 Woodward（2000）研究指出，随着 FDI 对东道国经济的影响加深，一旦出现经济波动，其强于内资的流动性将进一步恶化经济形势，可能对整体经济产生更强的破坏作用。这与 Kumar 和 Pradhan（2002）的观点相近，他们认为，东道国政府往往给予外资企业众多的优惠政策，使其在与内资企业的竞争中处于有利地位，迫使部分内资外流，产生了外资对内资的挤出效应。

与前两类研究不同，有些学者从正反两方面，或者从动态的角度对 FDI 的资本效应进行了研究。Chen（1996）在双寡头垄断竞争和互动关系的分析框架下，分析得出 FDI 流入既会对东道国经济产生资本形成和增长效应，同时还可能对内资产生替代作用，从而产生资本的挤出效应。Agosin 和 Mayer（2000）基于新古典理论的分析框架，通过构建 FDI 的资本挤入/挤出效应模型，发现它们在国别间存在显著差异，这种差异与东道国自身的资本力量具有直接关系。Reis（2001）研究认为，FDI 在对东道国经济产生增长效应的同时，对国内资本也形成了替代效应，FDI 与经济增长间的关系存在着诸多条件制约。Mold（2008）认为，FDI 对东道国的经济增长表现出两面性，它在促进经济增长的同时，外资对内资的替代或挤出可能加大了东道国经济的不稳定性。Antony（2009）通过构建资本与劳动相互替代的生产函数，发现 FDI 流入对东道国的产出呈现出动态变化，总体上表现出先增强后减弱的特点。

除此之外，有些学者还对 FDI 在跨国别间的不正常转移进行了研究，发现 FDI 在跨国流动过程中存在资本外逃效应。对于这一概念，最早由 Kindleberger（1937）提出，他认为，民众出于战争和政治动荡的考虑，会将资本进行非正常的转移，后来 Cuddington（1986）将其看作是流出资本中的游资部分，这部分资本具有投机性动机，具有高敏感性和高流动性。

2.2.2 技术效应

技术效应（Tchnology Effects）也称作技术溢出效应或技术外溢效应（Technology Spillover Effect）。有关它的研究最早可以追溯到 20 世纪 60 年代初，MacDougall（1960）利用比较静态局部均衡分析的方法研究 FDI 在东道国的一般福利效应时，首次将技术效应视为 FDI 的一个重要现象，并认为跨国企业通过非自愿的 FDI 技术溢出，有效地改善了东道国企业绩效，产生了明显的外部经济。后来，Caves（1974）对技术效应给予了最早的解释，他认为跨国企业在向东道国投资的过程中，自身具备的知识、技术、管理经验等将在企业非自愿的情况下通过各种渠道传播和扩散到东道国，从而促进 FDI 流入地的技术进步和生产率提升，但在此过程中，跨国企业难以获得技术扩散产生的全部收益。在此基础上，Blomström 和 Kokko（1998）对其定义给予了进一步完善，认为技术效应指的是跨国企业通过向东道国输出 FDI，进而有意或无意地促进了东道要素生产效率和企业技术水平的提高，而跨国企业难以获得全部收益的一种外部效应。

自 20 世纪 80 年代中期以来，以 Romer（1986）和 Lucas（1988）为代

表的新经济增长理论认为，FDI 产生的溢出效应能够加速技术、知识、人力资本等在全球范围内的扩散。Findlay（1978）在一个简单的动态模型框架下，分析了 FDI 对技术转移所起的作用，他假定东道国的技术进步速度与两国（东道国与 FDI 母国）的技术差距呈正相关，并用跨国企业的资本存量与东道国企业资本存量的比值来度量跨国企业参与东道国经济活动的程度，最后得出技术将在长期处于某一稳定状态。但该模型过于简单，使得结论与现实存在明显差距。与 Findlay 的研究思路相近，Das（1987）通过建立动态模型分析技术如何从跨国企业溢出到东道国企业，该模型以寡头垄断理论中的价格领先模型为基础，假设跨国企业是价格制定者，东道国企业处于边缘位置，最后发现东道国企业通过向跨国企业学习却不一定能够从技术溢出中获益，但东道国在整体上的收益是增加的。同时，Findaly（1978）和 Das（1987）都认为，跨国企业的技术具有"公共产品"的特性，技术溢出是"自动发生"的。但这一观点与 Wang 和 Blomstöm（1992）的观点相反，他们利用博弈理论研究认为 FDI 的技术溢出是跨国企业进入东道国后与内资企业博弈内生决定的，而非"自动发生"。Blalock 和 Gertler（2004）认为，外资企业能否产生积极的溢出效应，与其自身的意愿有关，相比于同一行业，它们更倾向于对与自身产品有关的行业提供技术支持，以保证自身的生产能够获得高质量的投入品。因为东道国的投入品与其母国相比在质量上存在的差距越大，外资企业生产将支付更高的成本，它们对国内企业提供技术援助，不能看作是自发行为，也是一种被动选择。

与其他学者研究视角不同，Wang（1990）认为，前人的理论分析没有考虑东道国自身的因素，得出的结论难以令人信服，基于此，他将东道国人力资本引入分析框架，并扩展 Findlay（1978）的模型，研究得出 FDI 流入提高了东道国对人力资本的投入，增加了东道国吸收 FDI 溢出效应的潜力。Rodriguez Clare（1996）也发现，FDI 要产生正向的外溢效应，就必须保证东道国企业提供的中间投入品质量与 FDI 母国的差距在一定限度内，外资企业通过对东道国企业的技术支持及市场需求保证，使之在员工素质、管理等方面能形成积累，长期过程中将提高国内企业的生产效率和竞争力，但是国内企业提供的中间品质量标准太低，外资企业可能会另作选择，从而也可能产生负的后向溢出效应。Borensztein、Gregorio 和 Lee（1998）同样将东道国人力资本考虑进自己的研究中，并在内生增长框架的基础上提出了一个有关 FDI 技术溢出效应的模型，最后发现，东道国的人力资本存量越丰富，FDI 的技术溢出效应就越明显。后来，他们将这一现象总结为 FDI 溢出的发展门槛效应（Development Threshold Effect），认为东道国要想充分吸收和利用 FDI 流入产生的技术溢出效应，就必须具备一定的技术水平和基础设施条件，只有跨过最低的发展门槛，技术溢出效应才能产生作用。Barro 和 Sala – i – Martin（2004）通过质量阶梯增长模型框架，采用一般均衡分析，研究认为 FDI 产生技术溢出效应存在技术差距的门槛值，因而 FDI 技术溢出表现出非线性的演进特征。赖明勇等（2005）以内生增长模型为基础，构建出一个包括最终产品部门、中间产品部门和研发部门的三部门分析框架，并将研发投入与人力资本结合起来衡量东道国内资企业的吸收能力，通过研究 FDI 流入对东道国研发部门的技术溢出效应，发现技术溢出效应要发挥作用，跨国企业与内资企业之间要具备一个最优的技术差距。Meyer 和 Sinani（2009）利用动态竞争模型，将东道国的居民收入、制度框架、人力资本等因素引入模型中，发现 FDI 的技术溢出水平与其呈曲线关系，从而也间接地支持了 FDI 溢出存在"门槛效应"的结论。

2.2.3 制度效应

一般意义上的制度（Institution），是指"一系列被制定出来的规则、守法秩序和行为道德、伦理规范，它旨在约束主体福利或效应最大化利用的个人行为"（诺斯，1994），而制度变迁，它是对现有制度难以适应社会现状的反映，是一个"错综复杂、边际调整的过程，大的制度环境决定了一系列制度安排及其变迁，一系列的制度安排也使得制度环境不断地完善"（卢现祥，2003），因此，制度变迁可以认为是一种具有更高效率的新制度对旧制度的替代、转化及交易过程。因此，这里的制度效应（Institutional Effects）也称作制度变迁效应（Institutional Change Effects），它指的是新制度取代旧制度的过程中对社会经济可能产生的影响。

有关 FDI 对东道国的制度效应，目前已经成为学界的研究热点。Cheung（1996）通过研究得出，通过实施对外开放，吸引外资流入，东道国可以有效降低国内推进制度改革的成本，这与 Davis 和 Lance（1971）的观点一致，他们认为，东道国从外部引入有效的制度安排可以缩短国内进行制度变革及创新的时间，FDI 作为一类新型投资主体，它的流入能够强化国内投资主体对其先进制度的学习和模仿能力，能够降低创新成本，加快制度变迁进程。Kamath（1990）和 Kueh（1992）研究发现，FDI 流入不仅给东道国带来外汇和技术，同时它在参与东道国经济活动过程中表现出的母国制度特征会对东道国产生示范效应，从而对东道国的制度变迁产生积极影响。林毅夫（1994）认为，FDI 流入后，它对东道国的制度变迁可以分为两类：强制性制度变迁和诱致性制度变迁。前者直接由执政当局通过行政命令、法律规则等引入和实行，后者则由个体或群体基于新制度可能带来的潜在收益而自发倡导、组织和实行。与大多数学者的研究视角不同，Calessens 和 Huizinga（2001）从东道国金融市场的角度对 FDI 的制度变迁效应进行了研究，认为 FDI 流入将对东道国的融资渠道和投资空间提出新的要求，迫使其进行金融体系改革，从而可以有效改善东道国资本市场发育过程中的缺陷及不足，他们的这一观点得到 Ofer（2003）的支持。后来，Dooley 和 Folkerts（2004）也从金融市场的角度，通过对 FDI 与东道国金融制度的关系研究，发现 FDI 流入的同时，也将国际金融市场运行机制引入东道国，从而提高了东道国的金融效率，优化了东道国的金融市场秩序，并最终通过 FDI 在金融市场的扩散效应提高了东道国生产效率，优化了制度变迁路径。

与其他学者的研究视域不同，许多学者专门就 FDI 进入中国产生的制度变迁效应进行了研究。金新亮（2001）认为，虽然 FDI 能够加速中国经济体制的转变，但"超国民待遇"下的 FDI 对经济变迁也具有明显的负面效应。王雷和韦海鸣（2003）则从 FDI 区域分布的视角出发，就 FDI 的地区分布与区域制度变迁的关系进行了研究，发现 FDI 在区域上的不平衡分布是造成中国区域制度变迁非均衡发展的重要原因，同时，后者的非均衡发展又进一步加剧了 FDI 区域的不均衡分布。罗长远（2005）通过构建"民进国退"的理论平台，发现 FDI 流入促进了私人资本的扩张，加剧了国有资本的退出，从这一角度看，FDI 对企业"政治性主从次序"（黄亚生，2005）的平等发展具有积极作用，但同时，他将中国的经济转型与国内的金融现状结合起来分析得出，整体上 FDI 流入可能对中国的经济转型存在负面影响。芬斯特拉和魏尚进（2013）通过研究国内制度与国际资本流动的关系，认为转型国家引进外资及对外投资，虽然可以促进国内金融市场的改革，但其不健全的制度安排可能产生内生的经济租金，从而造成东道国更大的净损失。李卢霞（2009）借鉴林毅夫（1994）的研究，通过基于制度经济学的分析框架，提出了 PME（Private Property – Market Economics – Enterprise Management System）指标化制度分析模型，深入探讨了 FDI 流入对转型时期东道国制度产生的影响，结果发现，FDI 流入直接改变了东道国原来的投资格局、分配理念及方式，以"推"（强制性制度变迁效应）和"拉"（诱致性制度变迁效应）两种力量促进了东道国制度的转型，两种力量带来的制度变迁作用既有宏观上的影响，又有微观上的影响。宏观上，两种力量直接推动了东道国以私有化、市场化、全球化为核心的市场经济体制的建立；微观上，则体现在 FDI 流入对国内企业组织制度、管理制度等方面的影响。杨德才（2010）研究认为，发展中国家普遍表现出明显的"贫而无知"的现象，整个社会尽管处于贫穷落后的状态，但人们表现出集体性的适从，没有人对此提出疑问和不满，更没采取行动对其加以改变的意识，而 FDI 流入对这种均衡产生了强烈的冲击和破坏，加速了社会个体和群体在意识、思想和行为上的改变，推动或促进了社会制度的进步。因此，FDI 对中国最显著的影响是它打破了"贫困的制度均衡陷阱"。

2.2.4 市场效应

作为金融全球化发展的重要载体，FDI 在各国快速流动的本质目的在于逐利。从 FDI 在各国的流动规模看，它倾向于到市场规模及容量大的国家投资。一般认为，跨国企业的上述区位选择，主要原因是在市场规模和容量大的国家投资能够获得规模经济带来的好处，即获得东道国市场效应（Market Effects）带来的收益。正如 Hanson 和 Chong（2004）的研究结论，他们通过构建有关 FDI 区位选择及生产布局的模型，发现 FDI 之所以倾向于选择在市场规模大的区位组织生产，是因为这些地方能够获取规模经济和运输费用下降带来的好处。同时，跨国企业进入后，它们会带给东道国企业巨大的竞争压力，从而激发了东道国本土企业的竞争意识，迫使其加大技术创新和提高资源利用效率。因此，FDI 的进入有助于激发东道国市场活力，有助于推动东道国内资企业技术进步和生产率提升（Das，1987）。

然而，FDI 流入东道国后，它在获取规模经济效益的同时，有可能产生与东道国本土企业的恶性竞争。Hymer（1960）的垄断优势理论认为，跨国企业只有在具备竞争优势的前提下才会对外投资。为了维持竞争优势，跨国企业将提高行业进入壁垒，增加本土企业的模仿和学习成本，加大彼此间的竞争差距，形成跨国企业对东道国市场的"寡占"。与 Hymer（1960）的观点相近，Caves（1971）研究认为，跨国企业进入前期存在比本土企业更高的信息成本，造成垄断租金下降，为了弥补这一竞争弱势，跨国企业在后期将提高对自身竞争实力的保护，通过设置较高的进入壁垒，或利用政府给予内外资企业的不平等政策，逐步挤占内资企业市场，甚至形成市场结构的外企"寡占"，从而获得垄断利润，造成国民福利损失。后来，Aitken 和 Harrison（1999）通过对跨国企业进入东道国后与本土企业的市场竞争研究，提出了"市场攫取效应"（Markert Stealing Effect），认为 FDI 对东道国产生正向溢出效应的同时，也可能会对本土企业产生挤占。因此，东道国生产率的提高除了来自 FDI 溢出促进内资企业效率提升外，还可能来自跨国企业将内资企业逐出市场后形成的结果。与其他研究视角不同，Markusen 和 Venables（1999）将 FDI 对东道国产生的市场竞争效应和关联效应纳入统一的不完全竞争模型，发现 FDI 虽然加剧了东道国的市场竞争，并对内资企业产生了挤占效应，但跨国企业产生的正向溢出效应提高了内资企业的竞争力，出现后者将前者挤出市场的结果。

与其他学者的研究不同，在国内，一些学者主要就 FDI 流入中国产生的市场效应进行研究。蒋殿春和夏良科（2005）从企业所有制的角度，研究发现国有企业利用"政治性主从次序"（黄亚生，2005）优势，可以获得市场竞争优势和市场支配地位，并且他们通过与跨国企业的合作，可以进一步提升这一优势。但同时，国有企业与跨国企业合作，可能在市场份额占领上存在"合谋"，通过对其他所有制企业的市场份额进行挤占，甚至侵占来"共同盈利"，并最终对市场秩序和结构产生负面影响。赵奇伟（2009）利用相对价格法，通过测算消费品市场、资本品市场和劳动力市场的市场分割指数，研究 FDI 溢出的长短期效应，结果发现，FDI 在对中国经济产生正向溢出的同时，引资竞争加剧了国内市场的分割，外资企业对国内企业产生了明显的市场攫取效应。孙江永和冼国明（2011）发现内资企业能否有效利用 FDI 产生的外溢效应与其自身条件密切相关，如果二者的差距不大，FDI 会产生正向溢出，如果差距过大，则跨国企业对内资企业将会产生市场攫取效应等负向效应。

从上述相关文献的梳理与归纳中可以发现，学界关于 FDI 流入东道国产生的经济效应存在内容和表现形式上的多样性，FDI 对东道国经济绩效的影响也存在明显差异，还没有得出清晰统一的结论。我们认为，在有关 FDI 经济效应的理论研究中，学者们虽然分别从资本、技术、制度、市场等角度对其进行了深入探讨，然而，FDI 对东道国经济绩效的影响并不局限于该四类效应，其中还存有丰富的内涵需待挖掘。同时，FDI 对东道国经济绩效的影响也不是某单一经济效应的反映，而是多种经济效应综合作用的结果。或许正是由于 FDI 经济效应具有多样性和复杂性的特点，目前学界对其效应机制的研究还未形成明确和统一的理论框架，大多根据研究重点和需要进行选择性研究，从而得出的结论存在明显差异，这也对本书的研究构成了一定的困难。

2.3 国内外证实研究成果

20 世纪 60 年代初，美国学者 Hymer（1960）在其博士论文《国内公司的国际经营：对外直接投资研究》中首次将 FDI 作为研究对象，从此标志着关于 FDI 研究的诞生。可以说，自 20 世纪 60 年代以来，随着各国对外直接投资及跨国企业的快速发展，国内外学者从不同角度、不同层次，基于不同对象，运用不同方法对 FDI 进行了广泛而深入的研究，取得了丰富的研究成果。有关 FDI 流入对东道国经济绩效的影响研究，在总体上可以从正反两个方面分别展开。基于此，本节也遵循前人的归纳方法，并根据全文的研究重点和行文需要，分别从以下两个方面对国内外的实证研究成果进行梳理：一是从 FDI 经济效应的角度，对 FDI 流入东道国后，它对东道国资本、技术、制度和市场等方面产生的影响进行梳理，在梳理的过程中，我们基于 FDI 对东道国经济绩效的影响方向，将其进一步归纳为正向效应、负向/无效应和条件性（混合性）经济效应；二是针对 FDI 影响东道国经济绩效的复杂性，分别从腐败和经济增长两个角度对国内外实证文献给予梳理和归纳，其目的主要是探讨以下问题：FDI 与腐败的关系；FDI 与经济增长的关系；腐败与 FDI 交互作用对经济增长的关系等。

2.3.1 FDI 经济效应研究

作为母国资本、技术、制度、管理经验等的"集成体"，FDI 虽然已经成为东道国社会经济发展的基础性驱动要素（Borensztein、Gregorio 和 Lee，1998；Thanh 和 Duong，2011），但它无论在发达国家，还是在发展中国家，其产生的经济效应并没有得出清晰、统一的结论。正如 Gorg 和 Greenaway（2004）的研究发现一样，他们通过对近些年有关 FDI 影响东道国经济绩效文献的总结，发现在约 40 篇文献中，只有近一半（19 篇）的结论认为二者存在正向效应，而有 15 篇的结论认为二者没有效应关系，其他的结论则认为二者存在负向效应。这可能与学者们的研究对象、模型构建、变量选择、样本期限及数据处理方法不同有关。本节围绕"FDI 经济效应"这一主题，就国内外的经典实证文献进行梳理。

（1）国外研究进展

①正向效应

Lubitz（1966）利用加拿大 1950—1962 年季度数据考察了 FDI 流入对国内资本形成的影响。研究发现外国投资每增加 1 美元，将导致加拿大国内投资增加 2 ~ 2.5 美元，从而得出 FDI 对加拿大国内投资具有显著的资本挤入效应（Crowding – in Effect）。Imbriani 和 Reganati（1997）通过对 FDI 流入欧洲主要国家产生的经济效应进行研究，发现 FDI 流入对当地企业均产生了显著的正向影响。对此结论，Keller（2001）利用世界七个主要工业化国家 1983—1995 年的数据进行研究，结果发现 FDI 的确在发达国家间产生了显著的正向经济效应，同时他们进一步研究认为，虽然 FDI 在不同经济体都存在经济效应，但它在发达国家的效应水平远大于在发展中国家的效应水平。Haskel、Pereira 和 Matthew（2002）通过对美国、法国等国家的 FDI 在英国产生的经济效应进行考察，发现 FDI 劳动生产率高于英国国内投资的劳动生产率，具有显著的正向效应。Keller 和 Yeaple（2009）利用美国 1987—1996 年的时间序列数据，考察了 FDI 对美国制造业的影响，他们得出 FDI 的进入提高了国内企业的生产率，在样本期内，FDI 对国内企业生产率提高的贡献率达到约 14%，从而也表明 FDI 流入美国后产生了显著的正向经济效应。

与其他学者利用发达国家的宏观数据分析不同，Caves（1974）利用加拿大和澳大利亚 1966 年数据，通过对其制造业的实证分析，发现两个国家无论是企业利润率，还是劳动生产率，它们都与 FDI 数额呈正相关。由此，他们得出 FDI 流入对两国经济产生了正向效应，提高了两国企业的资源配置效率。后来，Globerman（1979）、Castellani Zanfei（2002）、Gorg 和

Strobl（2003）、Keller 和 Yeaple（2003）分别对加拿大制造业、意大利制造业、爱尔兰制造业和美国制造业进行研究，他们的结果都显示：FDI 流入对东道国产生了显著的正向效应，主要表现在促进当地企业技术水平的提升、出口贸易的扩大和企业管理绩效的改善等，从而支持了 Caves（1974）的研究结论。进一步地，Haskel 和 Sadun（2007）利用英国 1973—1992 年制造业的企业面板数据，研究也发现 FDI 流入产生了显著的经济效应，企业的生产绩效与 FDI 份额呈稳健的正相关关系。并且估计得出，外资在该行业中的比重增长 10 个百分点，将会带来内资企业全要素生产率（TFP）上升 0.5 个百分点。

在研究发达国家 FDI 经济效应的同时，学者们对 FDI 流入发展中国家产生的经济效应也进行了广泛深入的研究。Blomström 和 Persson（1983）首次就 FDI 流入发展中国家产生的经济效应进行了实证检验，他们利用 1970 年墨西哥制造业的截面数据，估计 FDI 流入后对墨西哥制造业的技术溢出效应，结果显示 FDI 产生了显著的正向溢出。Borensztein、Gregorio 和 Lee（1998）利用 69 个发展中国家 1970—1989 年的面板数据，实证分析得出 FDI 会刺激东道国的国内投资，其增加量将是 FDI 流入量的 1.5～2.3 倍，从而 FDI 对东道国国内投资的挤入效应显著存在。Sgard（2001）使用企业截面数据，就 FDI 对匈牙利企业全要素生产率（TFP）的影响进行了研究，发现在总体上 FDI 对国内企业 TFP 的增长具有正向影响。Javorcik（2004）运用立陶宛企业层面数据，研究发现外资企业相对于对待其他行业的态度，它们对待同行业的态度更为保守，倾向于强化对自身技术的保密，防止其向同行业的竞争对手外溢，但对于其供应商和需求商，他们没有采取主动防御的态度，甚至他们还对其提供技术援助。因此，FDI 在行业上表现出的垂直效应强于水平效应，因此正向溢出多存在与其产品有关联的上游部门。Nicolini 和 Resmini（2010）利用保加利亚、波兰、罗马尼亚等国家企业面板数据，发现 FDI 的经济效应不仅在部门内存在，而且在部门间也存在。并且，他们通过行业细分，进一步发现对于劳动密集型行业，FDI 的外溢效应多发生在部门内，而对于高技术行业，外溢效应多发生在部门间。表 2 - 1 列示出 FDI 正向效应的代表性文献。

表 2 - 1　　　　　　　FDI 正向效应的代表性文献（国外部分）

作者（发表时间）	国家（地区）	样本层面	数据类型
Lubitz（1966）	加拿大	国家	时间序列
Caves（1974）	加拿大、澳大利亚	行业	截面
Blomstrom 和 Persson（1983）	墨西哥	行业	截面
Borensztein、Gregorio 和 Lee（1998）	69 个发展中国家	国家	面板
Keller（2001）	美国、日本、德国、法国、英国、意大利、加拿大	国家	面板
Javorcik（2004）	立陶宛	企业	面板
Haskel 和 Sadun（2007）	英国	企业	面板
Keller 和 Yeaple（2009）	美国	行业	时间序列
Nicolini 和 Resmini（2010）	保加利亚、波兰、罗马尼亚	企业	面板

②负向/无经济效应

Cantwell（1989）最早使用欧洲 1955—1975 年的时间序列数据，就美国 FDI 进入欧洲各国产生的经济效应进行了实证研究，结果发现，无论是区域内的发达国家，还是发展中国家，外国投资并没有对当地产生明显的经济效应。与 Cantwell（1989）的研究思路相近，Blomstrom 和 Wolff（1994）利用 101 个国家（地区）的宏观截面数据，从国家收入的角度对 FDI 的经济效应进行了比较研究，结果显示 FDI 流入中等收入国家（地区）会产生经济效应，但在低收入国家，他们没有发现 FDI 存在显著经济效应的有力证据。

基于行业数据，Salvador（2000）就外国直接投资是否对西班牙工业产生了影响进行研究。通过分析发现：FDI 的正向经济效应并不明显，相反，在知识及技术密集度较弱的行业，外国直接投资对西班牙国内企业在一定程度上造成了负向影响。得出相近结论的还有 Driffield（2001），他利用英国 1989—1992 年制造业面板数据进行了研究，其结论也难以支持 FDI 对英国制造业存在经济效应。De Backer 和 Sleuw Aegen（2003）利用比利时制造业数据，研究发现外资进入降低了内资企业的投资比重，提高了内资企业的市场退出率。因此，FDI 流入不仅没有提高当地企业的生产效率，反而对内资企业产生了挤出效应。Harris 和 Robinson（2004）使用更加微观的企业面板数据，分别从地区、行业、上下游产业三个角度就 FDI 对英国制造业是否存在经济效应进行实证检验，其结论与 Driffield（2001）较为一致，同样未能发现 FDI 存在显著的经济效应。

对于 FDI 流入发展中国家的情况，Blomström、Lipscy 和 Zejan（1994）通过利用 101 个发展中国家宏观数据进行比较研究，发现经济发展水平越差的国家，FDI 的经济（溢出）效应越弱，甚至为负效应，这一观点在后来得到了 Balasubramanyam（1998）的支持。Haddad 和 Harrison（1993）首次使用摩洛哥制造业 1985—1989 年的行业及企业面板数据进行检验，结果发现外资并未促进本地企业生产率的提升。Aitken 和 Harrison（1999）基于委内瑞拉制造业 1976—1989 年的企业面板数据，研究认为 FDI 并没有为当地企业带来技术水平和生产效率的提升，反而对内资企业产生了明显的挤出效应。Djankov 和 Hoekman（2000）将外商投资分为独资和合资两类模式，并基于捷克制造业 1993—1996 年的企业面板数据进行研究，结论显示由独资及合资共同组成的混合型 FDI，它的经济（溢出）效应为负，而由独资组成的单一型 FDI，其经济（溢出）效应不明显。与之一样，Konings（2001）使用企业面板数据，通过对保加利亚和罗马尼亚的实证检验，发现外资进入对当地企业造成了市场挤占，很多内资企业被迫退出市场，FDI 的负向经济（溢出）效应较为明显。Damijan、Boris 和 Matija（2003）通过对保加利亚、捷克、爱沙尼亚、匈牙利、波兰、罗马尼亚、斯洛伐克、斯洛文尼亚八国制造业的考察，得出除罗马尼亚外，FDI 在大部分国家均未表现出明显的经济效应，相反，在捷克和波兰还存在负向经济效应。表 2-2 是对国外有关 FDI 负向/无经济效应代表性文献的归纳。

表 2-2　　FDI 负向/无经济效应的代表性文献（国外部分）

作者（发表时间）	国家（地区）	样本层面	数据类型
Cantwell（1989）	欧洲主要国家	国家	时间序列
Haddad 和 Harrison（1993）	摩洛哥	行业/企业	面板
Blomstrom 和 Wolff（1994）	101 个国家（地区）	国家	截面

续表

作者（发表时间）	国家（地区）	样本层面	数据类型
Aitken 和 Harrison（1999）	委内瑞拉	企业	面板
Barrios（2000）	西班牙	行业	面板
Djankov 和 Hoekman（2000）	捷克	企业	面板
De Backer 和 Sleuw Aegen（2003）	比利时	行业	截面
Damijan et al.（2003）	保加利亚、捷克、爱沙尼亚、匈牙利、波兰、罗马尼亚、斯洛伐克、斯洛文尼亚	行业	面板
Robinson（2004）	英国	企业	面板

③条件性经济效应

在有关 FDI 经济效应的研究中，一些学者发现，要使 FDI 产生经济效应，东道国需要具备一定的条件。比如基础设施建设、国内企业技术水平、人力资本存量等。Cohen 和 Levinthal（1989）最早提出"吸收能力"（Absorptive Capability）的概念。他们利用美国企业调查数据，研究发现技术差距会显著削弱落后企业对先进企业的模仿和学习能力，使得后者产生的外溢效应不能被前者有效吸收和利用，从而得出技术差距对经济（溢出）效应具有限制作用。Borenztein、Gregorio 和 Lee（1998）利用 1970—1989 年多国宏观数据，实证考察了 OECD 国家对 69 个发展中国家的技术外溢效应，结果显示只有后者的人力资源存量达到一定水平时，FDI 的外溢效应才能被吸收利用，他们将其称为"门槛效应"（Threshold Effect），这与他们后来利用美国数据得到的结论一致，通过使用 1966—1994 年的时间序列数据，对美国企业到海外 40 个国家的技术溢出效应进行了实证研究。结果显示：东道国要想获得跨国企业带来的正外部性，必须具备一定的吸收能力，而人力资本是增强该能力的关键要素。Liu et al.（2000）基于英国 48 个制造业 1991—1995 年的行业面板数据，研究发现 FDI 经济（溢出）效应与英国国内企业自身技术水平有直接关系，内资企业的技术条件只有跨过某一临界值（门槛），经济（溢出）效应才会发生。

对于 FDI 在发展中国家产生经济（溢出）效应的条件性，许多学者也从不角度和层次进行了研究。Kokko（1994）利用墨西哥 1970 年行业截面数据，研究了技术条件对 FDI 经济（溢出）效应的影响。结果发现只有跨国企业在东道国使用的技术较简单，内外资企业存在的技术差距较小时，FDI 的经济（溢出）效应才较为明显。据此 Kokko（1994）认为，FDI 要产生经济（溢出）效应，就必须保证东道国企业与跨国企业之间的技术差距在一定的区间内，否则经济（溢出）效应不存在或不明显，这一观点也被后来的 Girma（2005）所支持。Djankov 和 Hoekan（2000）利用捷克制造业的企业面板数据，研究得出 FDI 的经济（溢出）效应并不是跨国企业的自发行为，而是在适当的技术差距条件下诱发产生的。这一结论得到了Aslanoglu（2000）的支持，他通过对土耳其制造业的实证研究，发现跨国企业与东道国企业的技术差距只有在一定的区间内，才有利于内资企业获取 FDI 带来的正向经济（溢出）效应。表 2 - 3 列示了有关国外 FDI 条件性经济效应的代表性文献信息。

表 2 - 3   FDI 条件性经济效应的代表性文献（国外部分）

作者（发表时间）	国家（地区）	样本层面	数据类型
Cohen 和 Levinthal（1989）	美国	企业	截面
Kokko（1994）	墨西哥	行业	截面
Borenztein、Gregorio 和 Lee（1998）	69 个发展中国家	国家	时间序列
Liu et al.（2000）	英国	行业	面板
Djankov 和 Hoekan（2000）	捷克	企业	面板

（2）国内研究进展

①正向效应

对于以中国为研究对象的文献，目前大多也是从国家、地区、行业和企业四个层面展开。潘文卿（2003）基于中国 1995—2000 年省际面板数据，对 FDI 流入在中国工业部门的经济（溢出）效应进行了分析。结果显示总体上 FDI 对内资部门产生了正向经济效应，东、中、西三个地区里，中部地区获得的经济（溢出）效应最大，西部最小。王红领、李稻葵和冯俊新（2006）基于中国 1998—2003 年 37 个工业行业的面板数据，分析认为 FDI 对国内企业的研发能力具有明显的促进作用。钟晓君和刘德学

（2016）从服务业的角度，对 FDI 的资本效应进行了研究，发现整体上服务业 FDI 显著促进了服务业国内资本形成，对服务业国内资本增加具有促进效应。邓路（2010）通过对中国 15 个高技术产业的研究，发现 FDI 进入对内资企业的自主创新产生了异质性的经济（溢出）效应，行业的出口导向程度和集中度是 FDI 向内资企业产生正向经济（溢出）效应的重要因素。许和连等（2007）使用中国 1999—2003 年 35 个工业行业面板数据和 2002 年投入产出表，实证检验 FDI 在中国的经济（溢出）效应情况。结果表明，FDI 通过示范效应和竞争效应两种途径对中国工业行业产生了显著的经济（溢出）效应。杨高举和黄先海（2013）分别使用行业数据和企业数据，就 FDI 溢出、国内技术创新等对中国高技术产业国际分工地位的变化进行实证分析。结果发现 FDI 的经济（溢出）效应对中国高技术产业国际分工地位的提高作用有限，据此他们指出中国产业升级的关键需要从内部找动力，而不能依赖 FDI 对内资企业的经济（溢出）效应。

江小涓（2000）通过对 38 家跨国企业的实地调查，研究认为外资企业的研发活动促进了中国企业技术进步。后来，江小涓和李蕊（2002）利用 2000 年 FDI 进入中国工业最多的 10 个行业数据实证分析，发现结果与江小涓（2000）的观点一致。覃毅和张世贤（2011）利用中国 2000—2007 年规模以上工业企业数据，研究了外商直接投资在行业内、行业间（后向产业和前向产业）的经济（溢出）效应。他们发现，工业行业中 FDI 对同行业及其上游行业将产生正的水平溢出效应和后向溢出效应。亓朋、许和连和艾洪山（2008）利用中国制造业 14291 家企业 1998—2001 年的数据，从行业内和行业间两个角度对外资企业的经济（溢出）效应进行了研究，他们发现，同一行业内，外资企业没有表现出明显的经济（溢出）效应，但在行业间，外资企业经由员工流动对内资企业产生了显著的溢出效应，同时，在地区间，外资企业经由竞争效应和示范效应也对内资企业产生了明显的经济（溢出）效应。平新乔等（2007）利用中国第一次全国经济普查数据，就 FDI 对中国制造业的经济（溢出）效应进行了检验。研究发现 FDI 对行业内和行业间都产生了显著的正向经济（溢出）效应，并且，外资经由就业渠道产生的溢出效应高于经由资本渠道产生的溢出效应。表 2-4 提供了国内 FDI 正向溢出的相关信息。

表 2-4　　　　　FDI 正向效应的代表性文献（国内部分）

作者（发表时间）	国家（地区）	样本层面	数据类型
江小涓（2000）	中国	企业	截面
潘文卿（2003）	中国	地区	面板
许和连等（2007）	中国	行业	面板/投入产出表
平新乔等（2007）	中国	行业	截面
亓朋、许和连和艾洪山（2008）	中国	企业	面板
杨高举和黄先海（2013）	中国	行业/企业	面板

②负向/无经济效应

有关 FDI 的负向/无经济效应，王志鹏和李子奈（2003）利用中国 1987—2001 年 30 个省市自治区的面板数据，对 FDI 对国内投资产生的经济（溢出）效应进行检验。研究发现，FDI 对内资在整体上存在明显的资本挤出效应，并且通过分地区检验发现，除中部省份外，FDI 在东西部地区都存在明显的资本挤出，表现出 FDI 流入的负向溢出效应。刘宇（2006）利用中国 1982—2004 年的数据研究发现，FDI 虽然在总体上存在正向经济（溢出）效应，但其影响较弱，特别是从 1992 年开始该效应明显减弱，最后甚至为负。这与赵奇伟和张诚（2006）的研究结论相近，他们利用京津冀三地 1980—2003 年的数据，研究发现自 1995 年后，FDI 的正向经济（溢出）效应不断减弱，最后变为负向溢出。陈继勇和盛杨怿（2008）利用中国 29 个省份 1992—2006 年的面板数据实证检验了 FDI 对中国地区技术进步的影响。结果表明 FDI 对当地企业并未产生明显的经济（溢出）效应。王喜和赵增耀（2014），他们利用中国 1995—2011 年 30 个省份的面板数据，分析了 FDI 对中国区域资本流动的影响，发现 FDI 对中国区域资本流动产生了抑制作用，并在区域间存在一定差异，中部地区负面影响最严重，西部次之，东部最低。邵玉君（2017）利用 2004—2015 年欧盟、日本、美国和全球的面板数据，就 FDI 对中国国内技术进步进行了实证研究，发现欧盟、美国、日本的 FDI 对中国的技术进步产生了阻碍，表现出负向的溢出效应。

　　蒋殿春和张宇（2008）利用中国31个省份1999—2005年的加总数据，对中国转型时期的FDI经济（溢出）效应进行实证研究，结果发现控制住制度影响之后，FDI对中国内资企业全要素生产率（TFP）的影响不显著，甚至呈负相关。据此他们认为，FDI的经济（溢出）效应能否充分发挥，与东道国的制度环境有直接关系，制度缺陷将对企业的学习和创新能力产生禁锢，从而阻碍了FDI正向经济效应的溢出。后来张宇（2009）选取中国1999—2005年31个制造业的行业数据，进一步研究了制度约束对FDI经济（溢出）效应的影响。结果认为，中国转型时期的制度约束导致了对FDI技术含量的高估，政府给予外资企业的"超国民待遇"加大了内外资企业的竞争差距，外资企业既通过自身优势获取超额利润，又通过优惠政策获取制度租金，因此，不平等竞争下的内资企业难以通过模仿和学习来获取FDI的正向经济（溢出）效应。Girma和Gong（2008）基于中国1999—2002年的国有企业统计数据，分析发现FDI对中国国有企业的经济（溢出）效应不明显。袁诚和陆挺（2005）运用中国1997年、2000年、2002年三次民营企业的抽样调查数据，从知识溢出的角度研究了民营企业家在"三资企业"的工作经历对其企业绩效的影响，发现虽然FDI通过员工培训产生了经济（溢出）效应，但却不显著。表2-5给出了有关FDI负向/无经济效应的代表性文献信息。

表2-5　　　FDI负向/无经济效应的代表性文献（国内部分）

作者（发表时间）	国家（地区）	样本层面	数据类型
王志鹏和李子奈（2003）	中国	地区	面板
袁诚和陆挺（2005）	中国	企业	截面
刘宇（2006）	中国	国家	时间序列
Girma和Gong（2008）	中国	企业	面板
蒋殿春和张宇（2008）	中国	地区	截面
张宇（2009）	中国	行业	截面

　　③条件性（混合性）经济效应

　　与国外学者的研究视角一样，国内学者从不同层次对FDI经济（溢出）效应需要的条件进行了研究，同时，学者也对 FDI 经济（溢出）效应的多样性进行了研究。何洁（2000）使用 1993—1997 年 28 个省份截面数据，分析得出 FDI 对中国工业产生的经济（溢出）效应受到当地经济发展水平的门槛效应制约，因此若要充分利用 FDI 产生的经济（溢出）效应，就必须不断增强引资地的吸收能力。陈涛涛（2003）利用中国制造业行业数据，在研究 FDI 对中国行业溢出效应内在机制的基础上提出了"内外资企业能力差距"的概念，指出适度竞争是促进 FDI 溢出的有效机制，只有在内外资企业之间的能力差距较小时，FDI 的溢出效应才能充分显现。王成岐、张建华和徐文忠（2006）利用中国制造业 1995 年和 2003 年的行业数据，实证研究发现 FDI 对内资企业的生产效率存在较大差异，FDI 经济（溢出）效应与外资企业来源及内资企业所有制关系密切。孙江永和冼国明（2011）利用非均衡面板数据，从产业关联和技术差距的角度研究了 FDI 的技术溢出效应，他们发现 FDI 主要从水平关联和后向关联两个角度对内资企业产生溢出，同时，内资企业能否有效利用 FDI 产生的外溢与其自身的技术水平密切相关，如果二者的差距不大，FDI 会产生正向的技术溢出，如果差距过大，则 FDI 对内资会产生市场攫取效应等负向效应。黄凌云和吴维琼（2013）利用中国 2004—2007 年工业企业面板数据，通过构建门槛模型，分析 FDI 在行业间的技术溢出效应，发现 FDI 的技术溢出效应与中国内资企业的技术差距存在显著的"门槛效应"，总体上 FDI 有利于技术落后企业效率的提高，但阻碍了高技术内资企业的发展。李斌、李倩和祁源（2016）基于中国高技术产业面板数据，研究发现 FDI 对高技术产业的技术溢出存在明显的金融发展和吸收能力"门槛效应"

赵奇伟（2009）利用相对价格法，通过测算消费品市场、资本品市场和劳动力市场的市场分割指数，研究 FDI 的长短期经济效应，结果发现，FDI 对中国经济产生了显著的正向资本效应和制度变迁效应，但并没有产生积极的技术溢出效应，同时，引资竞争加剧了国内市场的分割，外资企业对国内企业产生了明显的市场攫取效应。杨德才（2010）通过对 FDI 经济（溢出）效应的实证研究，认为 FDI 对中国产生的真实效应并不以资本效应和技术效应为主，而是主要体现在 FDI 能够促进东道国完善制度、活跃市场、增加就业等方面，同时，FDI 在对中国产生正向经济效应时，也带来诸如行业垄断、市场挤占及金融风险等负向效应，并且呈现出正效应日趋弱化，负效应日益强化的倾向。相关信息如表 2-6 所示。

表 2-6　FDI 条件性（混合性）经济效应的代表性文献（国内部分）

作者（发表时间）	国家（地区）	样本层面	数据类型
何洁（2000）	中国	地区	截面
陈涛涛（2003）	中国	企业	截面
赵奇伟（2009）	中国	地区	面板
孙江永和冼国明（2011）	中国	行业	面板
黄凌云和吴维琼（2013）	中国	企业	面板

2.3.2　FDI 经济效应的进一步探讨：腐败与经济增长

从前面的文献梳理中可以发现，学界虽然对 FDI 经济效应进行了广泛深入的研究，取得了丰富的成果。但从结论看，无论是国外研究，还是国内研究；无论是基于多个国家或某一国家的宏观分析，还是基于某一行业或企业的微观分析，结果都存在明显的差异。这种差异既有 FDI 经济效应方向上的不同，也有其产生方式上的多样性。面对 FDI 经济效应的诸多特征，人们会产生如下疑问：东道国（特别是发展中国家）政府积极引进外资，其根本目的在于他们想通过利用 FDI 的经济效应来推动国内经济发展，提升国内经济绩效。那么，从国内外的研究文献来看，是否能够证实这一结论呢？同时，伴随着 FDI 的大量流入，中国经济一方面实现了持续快速增长，另一方面却并存着较为严重的腐败。那么，它们三者（腐败、FDI 和经济增长）之间存在怎样的关系，其内在的影响机理是什么？基于此，我们立足于 FDI 的经济效应，分别从腐败与 FDI 的关系，FDI 与经济增长的关系两个方面对国内外相关文献进一步梳理。

（1）国外研究进展

①腐败与 FDI 的关系

对于腐败与 FDI 的关系，学界虽然进行了长期的研究，但直到目前仍没有得出明确的结论，主要分歧包括以下两个方面：一是东道国腐败与 FDI 在流动方向上的差异；二是东道国腐败与 FDI 在选择进入模式上的差异。

对于第一类分歧，Lui（1985）倾向于腐败的"润滑效应"，他研究认为，对于存在制度缺陷的国家，跨国企业通过向官员行贿可以有效规避管制和法律约束，显著减少时间成本，进而提高投资效益。这一观点得到后来的 Wheeler、Mody（1992）和 Hines（1995）的支持，他们通过实证检验指出没有发现东道国腐败与 FDI 流入呈负向变动的关系。Egger 和 Winner（2005）研究认为，东道国腐败无论在短期还是在长期，都与 FDI 流入呈正相关关系。Barassi 和 Zhou（2012）的研究则更进一步，他们利用 20 个 OECD 国家的跨国公司在 52 个发达和发展中国家的企业数据，研究发现只要跨国公司确定投资地后，东道国的腐败程度将有助于 FDI 存量的增加，这无疑也支持了腐败"润滑"论的说法。

后来，越来越多的研究则指出腐败对 FDI 具有更显著的"摩擦效应"，而 FDI 对东道国的腐败却能起到抑制作用。Wei（2000）以 12 个母国和 45 个东道国为研究对象，分别利用商务国际（Business International）、国际国家风险评价组（the International Country Risk Group）和透明国际（Transparency International）三类来源数据就东道国腐败与 FDI 的关系进行实证检验。结果表明，东道国腐败会阻碍 FDI 流入，二者呈显著的负相关。Aizenman 和 Spiegel（2002）从母国与东道国制度差距的角度对 FDI 的流动进行了研究，发现制度差距与 FDI 流入呈负相关。后来这一结论得到 Habib 和 Zurawicki（2002）的支持，他们基于 1996—1998 年 89 个东道国和 7 个 OECD 母国数据，以透明国际的清廉指数（Corruption Perceptions Index）作为东道国腐败的度量指标，实证发现东道国腐败程度与 FDI 显著负相关，并且跨国企业倾向选择到与母国腐败程度相近的国家投资，表现出 FDI 的"制度接近性"特征，但 Bénassy–Quéré 和 Maylis（2007）有不同的看法，他们研究发现制度差异促进了母国 FDI 向东道国的流动。Kwok 和 Tadesse（2006）认为 FDI 通过三种方式影响了东道国企业的经营理念，增强了国内企业的市场属性，并减少了企业经营过程中对腐败的认同。这三种方式是，通过管制效应阻止了跨国企业子公司在东道国的行贿行为；通过路演效应增长了国内企业经营"视野"，纷纷学习模仿跨国企业的运作模式，在整体上降低了东道国的腐败程度；通过职场效应使得在跨国企业工作的员工流入到国内企业后对腐败"潜规则"给予了普遍抵制。在国内，杨娇辉等（2016）利用2003—2014年中国 OFDI 区位分布的流量数据，实证分析了东道国制度风险与中国 OFDI 区位分布之间的关系，发现中国 OFDI 区位分布的所谓"制度风险偏好"并非绝对存在，产生该偏好的原因在很大程度上归因于中国 OFDI 更多地向经济发展水平较低、自然资源更为丰富的区域流动所致（见表2-7）。

表2-7　腐败与 FDI 关系研究的代表性文献及结论（国外部分）

作者（发表时间）	研究对象	样本层面	数据类型	主要结论
Wei（2000）	57个国家	国家	面板	负相关
Habib 和 Zurawicki（2002）	86个国家	国家	面板	负相关
Jonathan et al.（2003）	—	—	—	不确定
Egger 和 Winner（2005）	73个国家	国家	面板	正相关
Kwok 和 Tadesse（2006）	—	—	—	正相关
Barassi 和 Zhou（2012）	20个国家	企业	面板	正相关

对于第二类分歧，Smarzynska 和 Wei（2000）研究认为，东道国腐败程度越高，FDI 倾向于以合资的方式进入；腐败程度越低，FDI 倾向于以独资的方式进入。后来，Jonathan et al.（2003）从更为细化的角度对东道国腐败与 FDI 进入的模式进行了研究，他将腐败分为普遍性（Pervasiveness）（发生的可能性）和随意性（Arbitrariness）（交易过程的不确定性）两个维度，发现在腐败普遍性较高的国家，跨国企业倾向通过与东道国企业合作的方式进入；在腐败随意性较高的国家，跨国企业倾向通过与其他国家跨国企业合作的方式进入。Doh et al.（2003）遵循 Jonathan et al.（2003）研究视角，也从腐败普遍性和随意性两个维度进行研究，但得出的结论存在一定的差异。他们发现在腐败普遍性较高的国家，跨国企业倾向以独资模式进入；而在腐败随意性较高的国家，跨国企业倾向通过与当

地企业合资的形式进入。

②FDI 与经济增长的关系

在国外，大量文献深入研究了 FDI 与经济增长的关系，但令人遗憾的是，学者们得出的结论存在巨大差异。有的学者对 FDI 促进东道国经济持肯定意见。Husian 和 Jun（1992）基于东亚国家 1970—1988 年时间序列和截面序列数据的检验，发现 FDI 与东道国经济增长存在显著的正相关关系。持同一观点的还有 De Gregorio（1992）和 Marta Beng（2003），他们分别通过对拉美 12 个国家近 36 年数据，拉美 18 个国家 1970—1999 年的面板数据进行实证检验，发现 FDI 对东道国经济增长具有显著的正向影响。Chen、Chang 和 Zhang（1995）研究认为，跨国企业对东道国本土企业产生了巨大的竞争压力，促使国内企业加大技术创新来提高自身生产率，从而不断缩小与外资企业的竞争差距，最终有利于国民经济发展。Barrell 和 Pain（1997）认为，FDI 是东道国促进技术进步和经济增长的主要途径。同时他们还认为，如果东道国具有一定的吸收能力，那么 FDI 对东道国经济绩效的影响将大于国内投资。

与前人的研究不同，Barro（1991、1997）首次将理论与实证结合起来，在新经济增长理论的基础上，对 FDI 与东道国经济增长进行了开创性研究。在其文献中，Barro（1991、1997）将影响经济增长的诸要素如技术进步、国内外企业的技术差距、FDI 的外溢效应以及东道国人力资本存量等纳入分析框架，得出了各要素与经济增长的基本关系，其结论对国际投资与经济增长的后续研究具有指导意义。Balsubramanyam、Salisu 和 Sapsford（1996）以新经济增长理论为基础，利用 46 个国家截面数据分析了 FDI 在实行不同外贸政策国家中的作用。研究发现与实行内向型外贸政策的国家相比较，在外向型贸易政策国家，FDI 对经济增长的促进作用更大。De Mello（1997）基于新经济增长理论，发现 FDI 一方面通过对东道国给予资本支持，引进先进技术、设备及管理方法等促进了经济增长；另一方面，FDI 通过员工培训提高了东道国人力资本存量，增强了东道国对 FDI 溢出效应的吸收能力，进而促进了经济增长。

　　然而，也有学者认为 FDI 对东道国经济增长具有负面影响，或者二者间的关系不明显。Saltz（1992）从理论和实证两方面都发现 FDI 流入发展中国家后，它对东道国经济增长产生了负向影响。Rodriguez - Clare（1996）认为，如果跨国企业与东道国经济缺乏较强联系时，其内含的先进资源难以被东道国利用。相反，跨国企业具有的强大竞争力可能对国内企业、市场产生冲击，从而带来负面的经济效应。Easterly（1993）研究指出，东道国政府对内外资企业实行的具有歧视性投资政策会弱化国内企业的投资热情，外资企业基于优惠政策会对国内投资产生挤出，进而影响经济增长。Kokko（1994）发现，当跨国企业在东道国占领的市场份额较大，而且内外资企业之间存在明显的技术差距时，国内企业难以有效利用 FDI 产生的溢出效应，反而可能进一步恶化不对等的市场竞争，内资企业难以提高劳动生产率，东道国经济将受到负向影响。Khaled 和 Samir（2005）认为，FDI 对发展中国家的经济增长是不起作用的，原因是这些国家缺乏应有的技术储备和人力资本，FDI 产生的溢出效应不能被国内企业吸收及内化为自身的生产力，支持该观点的还有 Elmaubzini（2005）等。

　　Haddad 和 Harrison（1993）利用摩洛哥企业截面数据，研究发现虽然 FDI 具有远高于内资企业的生产率，但内资企业不能通过学习模仿获得。因此，FDI 的流入并没有带来东道国生产效率的提高，持同一观点的还有 Aitden 和 Harrison（1999）、Girma 和 Wakelin（2002），他们分别通过对委内瑞拉和英国的实证研究，结果表明 FDI 对其国内企业生产率产生了负面影响或不存在影响。Alfaro、Chanda 和 Sayek（2004）及 Choong、Yusop 和 Soo（2004）从东道国金融市场的角度出发，研究了金融市场发展对 FDI 溢出效应的作用，进而研究了 FDI 对东道国经济增长产生的影响。结果表明，虽然在总体上 FDI 对东道国经济增长的作用表现出不确定性，但健全的金融体系能够为东道国企业的技术革新提供融资保障，进而提高国内企业获取 FDI 溢出效应的吸收能力，最终对东道国经济增长产生积极影响。与其他学者研究不同，Mauro（1995）利用 69 个国家 1980—1983 年数据，将东道国腐败、FDI 及经济增长纳入统一分析框架，就它们三者间的关系进行了检验。结果表明，东道国腐败将直接影响外资企业的投资率，二者呈显著的负相关关系，而低的投资率将直接影响东道国的经济增长，表现出二者的反方向变动（见表2-8）。

表2-8 FDI 与经济增长关系研究的代表性文献及结论（国外部分）

作者（发表时间）	研究对象	样本层面	数据类型	主要结论
Husian 和 Jun（1992）	东亚国家（中国除外）	国家	时间序列/截面	正相关
Easterly（1993）	100 个国家	国家/部门	时间序列/截面/面板	负相关
Mauro（1995）	69 个国家	国家	面板	负相关
Barro（1991、1997）	92 个国家、美国各州、日本各县	国家/地区	面板	不确定
Alfaro、Chanda 和 Sayek（2004）	71 个国家	国家	面板	不确定

（2）国内研究进展

①腐败与 FDI 的关系

在国内，有关 FDI 与腐败的研究文献还较少见，从本章梳理的文献看，主要从二者的影响关系、腐败可能导致资本外逃等方面展开。吴一平（2010）利用中国 1992—2004 年省际面板数据，基于工具变量法实证检验发现，腐败程度的恶化会增加未来辖区经济环境的不确定性，对外商投资决策形成负面影响，从而抑制 FDI 的流入。李子豪和刘辉煌（2013）分别使用中国 1995—2008 年 29 个省市自治区面板数据和 2004 年中国 120 个地级城市截面数据，利用门槛面板回归估计和截面交互项估计两种方法，从环境污染的视角对腐败与 FDI 的关系进行了实证检验。结果发现 FDI 对中国环境污染存在明显的腐败门槛效应：FDI 在腐败程度较低时会减少环境污染，在腐败程度较高时会加大环境污染。

韩冰洁和薛求知（2008）基于世界银行"投资环境评价"（Investment Climate Assessments）数据库，选取 19 个新兴市场国家的 745 家跨国企业子公司作为研究对象，就东道国腐败对 FDI 进入模式的影响进行了实证检验。结果表明，总体上跨国企业感知到东道国腐败程度越高，其越倾向以较低持股比例的模式进入，但如果进入东道国的 FDI 以市场为导向，那么即便企业感知到的腐败程度较高，其以较低持股比例模式进入的倾向也较弱；如果进入东道国的 FDI 以效率为导向，则在较高的腐败感知度下，其以较低持股比例模式进入的倾向性更强。同样基于世界银行"投资环境评价"数据库，韩冰洁（2011）通过选取 5 个新兴市场国家（中国、厄瓜多尔、萨尔瓦多、菲律宾、南非）178 家跨国企业的截面数据，就跨国企业在东道国投资过程中产生腐败的因素进行了考察。结果显示，制度结构因素中的外资持股比例及市场经验与跨国企业腐败呈负相关，组织能力因素中的产品质量与腐败呈负相关，市场导向因素中的产品出品比例与腐败呈正相关。因此，作为引资者，应当转变传统引资思想，清楚引入 FDI 不一定就能带来技术及管理经验的溢出，也可能加剧辖区内的腐败程度。

王竹汀和王昌学（2006）发现，跨国企业利用 FDI 流动的便利性，常以投资、再投资、成立假公司及慈善捐赠等名义，帮助东道国"客户"资产洗白或转移，从而破坏了东道国金融秩序，加速了东道国财富的外流。杨胜刚和何靖（2004）将腐败等同于"亲密资本"，并就东道国腐败与货币危机的相互关系进行了考察，结果发现，相对于非 FDI 投资者对资产转移的灵活性，FDI 投资者在腐败程度较高的国家投资面临着更大的沉没成本，因此他们对东道国腐败更加敏感，越严重的腐败就越容易阻碍 FDI 流入。同时，他们就中国既存在较高的腐败又引进了巨量 FDI 的现象进行了分析，认为由于中国对资本和金融账户采取了严格的管制措施，抑制了腐败引起的资本外逃和货币替代，因而没有出现货币危机（见表 2 - 9）。

表 2 - 9　腐败与 FDI 关系研究的代表性文献及结论（国内部分）

作者（发表时间）	研究对象	样本层面	数据类型	主要结论
杨胜刚和何靖（2004）	中国	国家	时间序列	负相关
韩冰洁和薛求知（2008）	19 个国家	企业	截面	不确定
吴一平（2010）	中国	地区	面板	负相关
韩冰洁（2011）	中国、厄瓜多尔、萨尔瓦多、菲律宾、南非	企业	截面	不确定
李子豪和刘辉煌（2013）	中国	地区/城市	面板/截面	"门槛"特征

②FDI 与经济增长的关系

针对 FDI 与中国经济增长的关系，许多学者运用不同方法，从不同层面进行了深入研究，取得了丰富成果。但与国外研究结论一样，学者们所得结论也存在明显差异。有的学者认为 FDI 流入促进了中国经济增长，有的学者持反对意见，还有一些学者认为 FDI 对中国经济增长表现出区域差异性。

林毅夫、董先安和殷韦（2004）在构建国际技术扩散与经济增长模型的基础上，使用 1970—1992 年 41 个国家的跨国数据进行实证检验，发现 FDI 经由技术溢出能够显著促进东道国经济增长。姚树洁、冯根福和韦开蕾（2006）通过就 FDI 对新兴工业化国家经济增长的检验，认为外商直接投资减小了东道国国内生产的非效率，同时提高了国内技术水平，从而对东道国经济产生了积极作用。Tian 和 Lin（2004）利用中国 30 个省市自治区 1985—2000 年面板数据，研究发现 FDI 是中国经济实现快速增长的重要因素，FDI 聚集越多的省份，其技术升级和经济增长的速度越快。沈坤荣和耿强（2001）利用中国 1987—1998 年省际面板数据，实证检验表明 FDI 促进了中国经济增长，而且随着中国人力资本存量的增加，国内企业对 FDI 的溢出效应具有更强的吸收能力及转化能力。Ouyang 和 Fu（2012）使用中国 1996—2004 年城市面板数据进行检验，发现集聚在沿海地区的 FDI 对内陆城市经济增长具有显著的促进作用。

江锦凡（2004）在新经济增长理论分析框架的基础上，将 FDI 作为变量引入模型，研究得出 FDI 对中国经济增长产生了明显的资本效应和技术效应。殷醒民和陈昱（2011）在技术溢出的内生经济增长分析框架内，研究了 FDI 在长三角地区的技术外溢效应，发现 FDI 在该地区通过与人力资本的结合，显著提高了技术的扩散效应，增强了经济持续增长的动力。王成岐、张建华和安辉（2002）使用计量模型考察了 FDI 与中国经济增长的关系，认为无论在全国还是分地区，东道国的技术水平和引资政策对 FDI 都具有重要影响，而且在发达地区，FDI 对地区经济的影响更为强烈。李金昌和曾慧（2009）从金融市场的角度，利用中国 1987—2006 年省际面板数据，对 FDI 溢出效应与中国经济增长的关系进行了研究。结果发现随着金融市场水平的提高，FDI 表现出显著的资本积累效应。同时，国内企业获取 FDI 溢出效应的能力得到了增强，从而促进了中国区域经济增长。张天顶（2004）也认为，FDI 与中国经济增长存在长期稳定的关系，它对国内资本存量、劳动生产率、产业结构等都起到了积极的促进作用。

与其他学者的研究结论不同，魏后凯（2002）使用中国 1985—1999 年时间序列和截面数据，就 FDI 对中国区域经济增长的影响进行了研究，结果发现 FDI 的不均衡分布加剧了中国区域经济的"二元性"发展。与之持相同观点的还有武剑（2002），他利用多维方差模型，分析认为 FDI 不均衡的区域分布，是导致区域经济不平衡发展的重要因素。张宇（2010）通过构建外资依赖背景下的空间增长模型，并在此基础上利用中国 31 个省市自治区 1999—2007 年工业面板数据，实证研究发现过度依赖 FDI 将会影响东道国经济增长路径，使之与最优路径发生偏离。傅元海、唐未兵和王展祥（2010）使用中国 1999—2007 年 27 个制造业行业面板数据，检验发现本地企业对 FDI 溢出效应的路径选择不同，FDI 溢出效应带来的经济绩效存在较大差异。总体上，经由外资企业生产本地化产生的溢出效应带来的绩效增长大于经由外资参与带来的绩效增长（见表 2 – 10）。

表 2 – 10 FDI 与经济增长关系研究的代表性文献及结论（国内部分）

作者（发表时间）	国家（地区）	样本层面	数据类型	主要结论
沈坤荣和耿强（2001）	中国	地区	面板	正相关
魏后凯（2002）	中国	地区	时间序列/截面	不确定
林毅夫、董先安和殷韦（2004）	41 个国家	国家	面板	正相关
姚树洁、冯根福和韦开蕾（2006）	中国	地区	面板	正相关
张宇（2010）	中国	行业	面板	负相关
傅元海、唐未兵和王展祥（2010）	中国	行业	面板	不确定

2.4　本章小结

本章就 FDI 影响东道国经济绩效的文献从理论和实证两个方面进行了

梳理，其目的在于为本研究确定一个合适的逻辑起点。通过对国内外相关文献的回顾及梳理，发现已有研究虽然取得了丰硕的成果，但结论不一，分歧明显。这既为本章的研究造成了困难，也提供了机会。回顾 FDI 在中国的发展历程，可以发现它与中央政府对地方政府实施的经济分权改革有密切关系。20 世纪 70 年代末，中国政府作出了经济体制由计划经济向市场经济转变的战略决策，但在实施经济体制改革的过程中，中央政府提出既要发挥市场的作用，同时也要保证公有制经济的主导地位，表现出改革过程中对政治及意识形态的考虑，这或许可以看作中国将市场经济称为社会主义市场经济的一个注脚（黄亚生，2005）。

在上述背景下，中央政府作出了如下几项制度安排：一是"以市场换技术"引进外资来缓解经济发展过程中的资本和外汇缺口；二是对地方政府实施经济分权改革的同时仍旧保持中央对地方的"政治垂直管理"。在此制度安排下，地方政府都尽可能地追求辖区利益的最大化。由于 FDI 是集母国资本、技术、制度、管理经验等多要素的"集成体"，地方政府因而希冀通过引进 FDI 来加速辖区经济增长，进而产生了激烈的引资竞争，并最终表现出 FDI 在中国发展进程中的诸多典型事实。

从这一角度看，就地方政府"引资竞争视角下 FDI 对中国经济绩效的影响"进行研究，不失为一个有意义的选题。基于此考虑，本章的研究拟从以下两个方面展开：

（1）在借鉴前人研究成果的基础上，并结合本章的研究重点，构建一个有关引资竞争视角下 FDI 流入产生经济（溢出）效应的理论框架，并就其对投资地（及周边地区）产生的收益进一步解释。

（2）在（1）基础上，针对 FDI 在促进中国经济持续快速增长过程中并存的腐败现象，分别从腐败与经济增长的角度，就腐败与 FDI 的关系、FDI 与经济增长的关系进行理论分析，从而进一步解释 FDI 经济（溢出）效应对中国经济绩效的影响。

3 引资竞争视角下 FDI 对中国经济绩效的影响：理论框架

3.1 引　言

从第 2 章的文献梳理可以发现，FDI 对东道国经济绩效的影响主要是通过其内含的资本、技术、管理经验、营销模式等因素外溢到东道国形成的。对于 FDI 在中国的发展，它与中央政府对地方政府实施的经济分权改革是同时进行的。地方政府在"经济分权"和"政治晋升"的双重激励下，将引进 FDI 作为实现表面化、短期化政绩的重要手段，通过竞相赋予外资企业"超国民待遇"资格，以期吸引更多的 FDI 流入，从而表现出地方政府间激烈的引资竞争。因此，从地方政府引资竞争的视角构建一个新的理论分析框架，以此来解释 FDI 对中国经济绩效的影响，便具有较大的现实意义。

基于上述研究动机，本章在已有研究成果的基础上，结合研究重点，构建出一个新的理论分析框架。该分析框架主要包括以下行为主体：一是地方政府，它们通过对辖区企业提供政策支持来获取收益；二是两类企业，即内资企业和外资企业，它们既通过市场行为获取利润，也通过政府的政策支持获取制度和政策红利（租金）。地方政府（政府官员）和两类企业都基于利润（效用）最大化展开行动，企业的生产要素只包括资本和劳动力。在该分析框架中，主要包括两个方面的内容：一是关于 FDI 经济效应的理论分析；二是针对 FDI 在促进中国经济持续快速增长过程中并存的腐败现象，从腐败和经济增长的角度，对 FDI 的经济效应进一步分析，以此探讨腐败、FDI 与经济增长的关系。

3.2　FDI 经济效应的理论分析

3.2.1　基本分析

遵循 Parcero（2007）、才国伟和舒元（2008）的思路，我们考虑地方政府通过给予辖区内企业优惠政策来增加引资竞争力，同时从中获取收益；企业的利润来自两个方面，一是通过市场获得利润（市场无风险利率和资本回报率），二是通过优惠政策获得租金。地方政府与企业都基于自身最大化利益采取行动。政府为企业提供政策支持时，满足以下的收益函数关系

$$R_i = \eta g_i^\alpha g_{-i}^\beta \qquad\qquad (3-1)$$

其中，R 为地方政府提供政策支持后能够得到的收益，g 代表政策支持，它具有报酬递减的特征。同时，收益函数中，地方政府的收益不仅来自自身提供给企业政策支持产生的回报，也包括周边地区政府行为所产生的间接收益，但自身提供的政策支持产生的收益大于周边地区政府行为产生的收益，即有 $0 < \beta < \alpha < \alpha + \beta < 1$，$\eta$ 为大于 0 的常数，表示政府获得收益的转化系数，i、$-i$ 代表地区（本地和周边）。

对于地方政府 i，为了保证政策的执行，它需要支出相应的成本 c_i，将其设定为[①]

$$g_i = c_i/\lambda \qquad\qquad (3-2)$$

其中，λ 为大于 0 的常数，可以发现，g 与 c 同方向变化。于是政府 i 的净收

---

① 实际上将此函数设定成更复杂的形式［比如 $c_i = \lambda g_i^\phi$（$\phi > 1$）］可以使分析结论更具说服力，但如此会极大地增加计算难度，并且这里的假定不会对结论造成实质影响，因此采用该简单假设。

益函数可以表示成

$$\max_{g_i} NR_i = R_i - c_i = \eta g_i^{\alpha} g_{-i}^{\beta} - \lambda g_i \qquad (3-3)$$

其中，NR 为政府获得的净收益，对式（3-3）求关于 g_i 的一阶导数，得到

$$\frac{\partial NR_i}{\partial g_i} = \alpha \eta g_i^{\alpha-1} g_{-i}^{\beta} - \lambda = 0 \qquad (3-4)$$

式（3-4）表示政府 i 的反应函数（reaction function）。同理，我们可以得到政府 $-i$ 的反应函数

$$\frac{\partial NR_{-i}}{\partial g_{-i}} = \alpha \eta g_{-i}^{\alpha-1} g_i^{\beta} - \lambda = 0 \qquad (3-5)$$

接下来，我们将外资企业引入分析中，考察地方政府引入 FDI 后对收益的影响。假定外资企业进入后能够获得的最大利润为

$$f = \text{argmax}\{\pi_i, \pi_{-i}\} \qquad (3-6)$$

其中，f 代表外资企业的选址，π 为外资企业的利润。地方政府为取得引资胜利，竞相给予外资企业超过内资企业的政策支持，使之享受着"超国民待遇"资格。如此，外资企业将获得超过一般水平的投资利润。表达式为①

$$\pi_i - (\pi_0^M + \pi_0^G) + \mu \Delta g_i + \varepsilon \Delta g_{-i} \qquad (3-7)$$

其中，π_0^M 表示外资企业通过市场获得的利润；π_0^G 为地方政府一般性政策支持水平下外资企业得到的利润（租金），它与内资企业获得的利润（租金）没有差别；Δg_i、Δg_{-i} 分别代表地方政府（本地与周边）给予外资企业的超额政策支持，我们称为"超国民待遇"；μ、ε 为外资企业从"超国民待遇"资格中获得利润（租金）的转化系数，并且有 $0 < \varepsilon < \mu$ 为常数，表示外资企业不仅从当地政府"超国民待遇"资格中获得超额利润（租金），而且从周边地区政府的类似行为中也获得了超额利润（租金），但来自前者的收益大于来自后者的收益。

① 对于企业的利润函数，完整的表达式为式（3-12），这里为了分析简便，采用了增量的表达方式。通过将式（3-12）利用泰勒级数方程变形整理，可以得到式（3-7）。

假定地方政府对外资企业作出的政策支持承诺具有可置性，并且外商存在如下的决策行为

$$h = \begin{cases} i, \text{如果} \Delta g_i \geqslant \Delta g_{-i} \\ -i, \text{如果} \Delta g_i < \Delta g_{-i} \end{cases} \tag{3-8}$$

外资企业进入某一地区后，将为该地区带来 $e_i > 0$ 的收益[①]。同时，由于资源禀赋的差异，外资对各地区产生的收益也存在差异。在政府间的动态博弈中，地方政府为了在引资竞争中胜出，将不断提高外资企业的"超国民待遇"资格。因此，政策支持曲线将沿着 OF 线的路径移动（见图 3 - 1）。

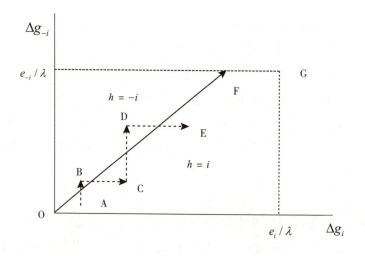

图 3 - 1　地方政府的引资竞争与外资企业的投资决策

在图 3 - 1 中，OF 线表示政府 i 与政府 $-i$ 处于竞争均衡状态（$\Delta g_i = \Delta g_{-i}$），这时外资企业选择在哪个地区投资没有差异。假定外资企业的最初投资地选在 A 点，此时政府 i 在竞争中胜出，获得 FDI。但接下来政

[①]　一般结论认为，外资企业带给地方政府的收益主要是税收、就业岗位等方面的增长，但本章的收益范畴远大于此，我们认为，FDI 进入带给地方政府的收益具有多样性，这种多样性不仅体现为经济指标的显性变化，而且还体现在政府治理能力、地区投资环境等方面的改善上，同时，这里的收益只是多样性作用后的最终结果，当具体分析时，收益将会出现正负两个方面的表现。基于此，我们将在后文给予进一步解释和经验研究。

府 $-i$ 承诺将提高对外资企业的政策支持力度，从而竞争均衡点移动到 B 点，政府 $-i$ 获得 FDI。如此重复，政府 i 又会采取相同的策略进行竞争，推动竞争均衡点的移动，直到某一方胜出为止。最终，竞争胜出方获得 FDI 流入带来的外部收益 e_i，我们假定均衡点为 E，政府 i 赢得竞争。

同时，从图 3-1 可以看出，在 OF 线左上方的区域表示地方政府 $-i$ 赢得竞争，获得 FDI，而在 OF 线的右下方，地方政府 i 赢得竞争，获得 FDI。但无论是政府 i 还是政府 $-i$，假定它们为提供额外政策支持支付的成本相同，都是 $\Delta c_i = \Delta c_{-i} = e_{-i}$①，并且政府提供额外政策支持能够带来等值的收益，于是两个地区的收益增加值可以用 Δg 表示为

$$\Delta g_i = \Delta g_{-i} = \frac{e_{-i}}{\lambda} \qquad (3-9)$$

然后通过对地方政府的净收益函数求全微分，可以得到各自收益的总增加值

$$\Delta R_i = \frac{\partial NR_i}{\partial g_i}\bigg|_{(g_i, g_{-i})} \Delta g_i + \frac{\partial NR_i}{\partial g_{-i}}\bigg|_{(g_i, g_{-i})} \Delta g_{-i} + e_i - e_{-i} = e_i + \frac{\beta}{\alpha} e_{-i}$$

$$(3-10)$$

$$\Delta R_{-i} = \frac{\partial NR_{-i}}{\partial g_{-i}}\bigg|_{(g_i, g_{-i})} \Delta g_{-i} + \frac{\partial NR_{-i}}{\partial g_i}\bigg|_{(g_i, g_{-i})} \Delta g_i - e_{-i} = \frac{\beta}{\alpha} e_{-i}$$

$$(3-11)$$

从公式（3-10）和公式（3-11）可以得出，赢得引资竞争的政府 i 获得的收益增加值大于政府 $-i$ 获得的收益增加值。同时，无论哪一方在竞争中胜出，FDI 流入都将提高当地政府及周边地区政府的收益。

基于此，我们给出如下命题：

命题 1 开放经济背景下，FDI 流入会增加当地政府及周边地区政府

① 更真实的情况可能是政府支出的成本不一样，这里仅考虑它们在均衡状态时一个临界值，同时，政府支出成本也不一定小于 FDI 流入带来的收益，但出于对现状的考虑和分析的简便，我们只假定支出小于收益的情况。

的收益，但总体上当地政府获得的收益大于周边地区政府①。

3.2.2 进一步解释

从上述命题中，我们得到地方政府引进 FDI 能够带来收益的增加，表现出 FDI 进入的积极效应。但我们认为，地方政府因 FDI 进入带来的收益具有多样性和条件性，并且所得结论是 FDI 内含要素（资本、技术、制度、管理经验等）的综合反映，对其具体的影响机制还需要进一步分析。

对于收益的多样性，它既包括对地方税收、就业、工资水平等带来的显性收益，也包括对政府行政效率、服务水平、企业组织制度、管理水平等带来的隐性收益。从 FDI 经济效应的角度看，可以将其归纳为如下几类：一是 FDI 进入有效地缓解了引资地的资金压力，增加了地区经济的发展动力，对辖区内的投资起到了明显的杠杆效应和乘数效应，对地区经济增长产生了显著的资本效应；二是外资企业不管是否自愿，其内含的先进技术都会扩散给内资企业，表现出技术溢出效应，内资企业通过学习模仿将有助于生产效率的提升，并最终推动经济的内生性增长；三是外资企业在与地方政府的博弈中，其内含的母国制度属性会对地方政府的行政效率、服务水平、管理理念等产生积极影响，推动政府从全能型向服务型转变，从而对整个地区产生积极的制度变迁效应；四是 FDI 进入激发了东道国的市场活力，其经营模式、管理体制、服务意识等将对内资企业产生强烈冲击和积极示范，呈现出 FDI 进入的竞争效应。

对于收益的条件性，是指 FDI 进入虽然增加了地方政府收益，但同时后者也付出了成本，而且这种成本不仅包括可以计算的显性成本，还包括可能对地区经济构成潜在威胁的隐性成本。现实中，引资竞争背景下的地方政府（特别是处于竞争劣势地位的政府）与外资企业的议价能力是不对等的，地方政府为了在竞争中胜出，时常表现出对外资企业的"依从"和

---

① 需要说明的是，理论模型得出的结论是 FDI 进入增加了地方政府的收益，但正如 Parcero（2007）指出的那样，地方政府的一切行为最终都是为了促进地区经济福利水平的提升，地方政府的收益情况也是地区经济收益变动的反映。因此，模型结论中的地方政府收益代表了地区经济收益。

"非理性"，不断提高外资企业的"超国民待遇"资格（张宇，2010），形成政策支持上的"内外有别"。外资企业为了获得更多的市场利润和政策租金，会对国内企业、行业、市场进行挤压与侵占，以消除或减少它们获利过程中的"敌人"，迫使国内企业要么成为牺牲品，要么成为为自身服务的"佣人"，形成外资企业对内资企业的挤出效应和市场攫取效应（Aitken 和 Harrison，1999）。

基于此，我们给出如下命题：

命题 2 FDI 产生的收益是多因素综合作用的结果，它在某一方面（资本、技术、制度、市场）的具体表现，可能会因研究对象、样本层次、时间范围的不同而出现差异。

3.3 FDI 经济效应的进一步探讨：腐败与经济增长

在 3.2 中，我们就 FDI 进入对地方政府的收益变动情况进行了理论分析，发现相关假定下 FDI 进入增加了地方政府收益。然而，对于 FDI 在中国的发展，表现出它在促进中国经济持续快速增长的同时并存着较为严重的腐败现象。那么，我们不禁想知道：FDI 进入后它在增加投资地收益的过程中，外资企业是否存在与政府官员的"共同盈利"（黄亚生，2005）？即外资企业出于"关系维护"或为了获取更多的制度或政策红利（租金）而存在向官员行贿的行为；政府官员在追求政治晋升的同时，是否也具有追求"个人直接收入"（郭广珍，2009）的自利性考虑？即官员利用公共权力谋取私利的行为（Shliefer，1993；Tanzi，2002）。基于此，我们在前一节的基础上，从腐败和经济增长的角度，对 FDI 的经济效应作进一步探讨，重点分析以下两个问题：一是腐败与 FDI 的关系；二是 FDI 与经济增长的关系，以此为后面章节（第 6 章）有关腐败对 FDI 的"润滑效应"（Lui，1985）和对经济的"增长效应"（Acemoglu 和 Verdier，2000）的经验研究提供理论支持。

3.3.1　基本分析

在本节，我们依旧遵循前面的理论框架，并借鉴 Tevfik et al.（1986）的思路，分析腐败与 FDI、FDI 与经济增长的关系，以此来探究 FDI 对中国经济绩效的真实影响。假定外资企业进入中国后，它的投资行为是分两期进行的，在第 t 期，外资企业的主要行为是成本投入，包括项目的真实投资和对官员的行贿；在第 $t+1$ 期，外资企业开始获取收益，包括由真实投资活动产生的显性收益（合法收益）和通过行贿产生的隐性收益（非法收益）；政府官员通过受贿最大化自身效用，并根据受贿获得的效用大小给予行贿企业"回报"。假定受贿官员感受到的效用越大，他提供给行贿企业的"回报"越大，反之则反是。在上述假定下，借鉴郭广珍、李绍平和黄险峰（2011）的研究，将外资企业的利润函数表示为

$$\pi_t = -(c_t^l + c_t^{nl}) + \delta\{r_t^M + r_t^G + \mu_{t+1}[U(c_t^{nl})]\}c_t^l \qquad (3-12)$$

其中，π 表示外资企业获得的利润，$c^l + c^{nl}$ 是外资企业支付的成本，它包括两个部分，一部分是生产经营过程中的正常支出 c^l（合法成本），另一部分是支付给官员的行贿成本 c^{nl}（非法成本），U 表示受贿官员对某一行贿行为的满意程度，根据假定，U 与 c^{nl} 是同方向变化的，δ 是贴现率，r^M 表示企业市场行为获得的利润率，r^G 表示企业从政策支持中获得的租金率（该租金率是政府给予国内企业政策支持下的正常租金率和只给予外资企业政策支持的超额租金率的加总），μ_{t+1} 表示第 $t+1$ 期官员受贿后给予企业的回报率，反映企业在行贿行为中的隐性收益率，其大小取决于受贿官员在前一期 t 的满意程度 U。

同时，借鉴谢平和陆磊（2003）的研究，将受贿官员的效用函数用如下关系式表示

$$U = p[(w_t + c_t^{nl}) - \tau\Phi_{t+1}(c_t^{nl})] + (1-p)[(w_t + c_t^{nl}) + \tau w_{t+1}]$$

$$(3-13)$$

其中，p 表示官员受贿行为被发现的概率，$\Phi(\cdot)$ 表示官员受贿行为被发现后将面临的惩罚函数。假定官员的受贿行为越严重，其受到的惩罚越重，τ

是贴现因子。

从公式（3 - 13）可以看到，如果官员的受贿行为没有被发现，那么他将获得两期的工资 w_t、w_{t+1}，同时还会得到受贿收益 c^{nl}；如果官员的受贿行为被发现，那么他将损失第 $t+1$ 期的工资 w_{t+1}，并将面临 $\Phi(\cdot)$ 的惩罚。同时，从假定中可以得到下列变量关系：$\frac{\partial \pi}{\partial \mu} > 0$、$\frac{\partial \mu}{\partial U} > 0$、$\frac{\partial U}{\partial \Phi} < 0$、$\frac{\partial \Phi}{\partial c^{nl}} > 0$。

从公式（3 - 12）可知，对于外资企业，它们要实现利润最大化，则有

$$\frac{\partial \pi_t}{\partial c_t^{nl}} = -1 + \delta c^l \frac{\partial \pi_t}{\partial \mu_{t+1}} \frac{\partial \mu_{t+1}}{\partial U} \frac{\partial U}{\partial c_t^{nl}} \qquad (3-14)$$

从公式（3 - 13）可知，对于政府官员，他们要达到自身效用最大化，则有：

$$\frac{\partial U}{\partial c_t^{nl}} = (1-p) - p\tau \frac{\partial U}{\partial \Phi_{t+1}} \frac{\partial \Phi_{t+1}}{\partial c_t^{nl}} \qquad (3-15)$$

由 $\frac{\partial U}{\partial \Phi} < 0$，$\frac{\partial \Phi}{\partial c^{nl}} > 0$ 可以得到：$\frac{\partial U}{\partial c_t^{nl}} > 0$，于是可以发现，公式（3 - 14）存在 $\frac{\partial \pi_t}{\partial c_t^{nl}} = 0$ 时的最优解，在该点，外资企业通过向官员行贿能够实现自身利润的最大化。

从前面的分析发现，即使中国存在腐败，也不一定阻止 FDI 的流入，而且从 FDI 在中国的发展历程看，腐败似乎对 FDI 具有"润滑效应"。那么，在此背景下，经过"润滑"的 FDI 与经济增长又存在怎样的关系？进一步讲，腐败、FDI 与经济增长三者之间存在怎样的关系？下面我们对此进行分析。假定内资企业（D）和外资企业（F）只使用资本（K）和劳动力（L）两种要素进行生产，它们的生产函数利用柯布—道格拉斯函数来刻画。两个企业的生产要素和产出分别为：K_d、L_d、Y_d，K_f、L_f、Y_f，并且总产出为两个企业产出的加总：$Y = Y_d + Y_f$。

外资企业进入中国后，假定它最先以资本的形式参与到内资企业的生

产活动中,因此,内资企业的生产要素包括外国投资者的资本 K_f。这样,内外资企业生产函数可以作如下表示:

$$Y_d = D(K_d, K_f, L_d) \qquad (3-16)$$

$$Y_f = F(K_f, L_f) \qquad (3-17)$$

假定两个企业生产要素的边际生产率存在一个比值,即有

$$\frac{\partial Y_f / \partial K_f}{\partial Y_d / \partial K_d} = \frac{\partial Y_f / \partial L_f}{\partial Y_d / L_d} = 1 + \overline{\omega} \qquad (3-18)$$

其中,$1 + \overline{\omega}$ 表示内资企业单位边际生产率下外资企业的边际生产率,显然,$1 + \overline{\omega} > 0$。

接下来,我们分别对公式(3-16)、公式(3-17)两边求全微分,得到

$$dY_d = \frac{\partial D}{\partial K_d} dK_d + \frac{\partial D}{\partial K_f} dK_f + \frac{\partial D}{\partial L_d} dL_d \qquad (3-19)$$

$$dY_f = \frac{\partial F}{\partial K_f} dK_f + \frac{\partial F}{\partial L_f} dL_f \qquad (3-20)$$

由 $dY = dY_d + dY_f$,$dK = dK_d + dK_f$、$dL = dL_d + dL_f$ 整理可以得到

$$dY = \frac{\partial Y_d}{\partial K_d} dK + \frac{\partial Y_d}{\partial L_d} dL + \frac{\partial Y_d}{\partial K_f} dK_f + \frac{\overline{\omega}}{1 + \overline{\omega}} dY_f \qquad (3-21)$$

通过对公式(3-21)两边同时除以 Y,我们得到

$$\frac{dY}{Y} = \frac{\partial Y_d}{\partial K_d} \frac{K}{Y} \frac{dK}{K} + \frac{\partial Y_d}{\partial L_d} \frac{L}{Y} \frac{dL}{L} + \frac{\partial Y_d}{\partial K_f} \frac{dK_f}{Y} + \frac{\overline{\omega}}{1 + \overline{\omega}} \frac{dY_f}{Y} \qquad (3-22)$$

在公式(3-22)中,令 $\theta_1 = \frac{\partial Y_d}{\partial K_d} \frac{K}{Y}$,$\theta_2 = \frac{\partial Y_d}{\partial L_d} \frac{L}{Y}$,$\theta_3 = \frac{\partial Y_d}{\partial K_f}$,$\theta_4 = \frac{\overline{\omega}}{1 + \overline{\omega}}$,于是,公式(3-22)可以转化为

$$\frac{dY}{Y} = \theta_1 \frac{dK}{K} + \theta_2 \frac{dL}{L} + \theta_3 \frac{dK_f}{Y} + \theta_4 \frac{dY_f}{Y} \qquad (3-23)$$

从公式(3-23)可以看出,经济增长由内外资企业的生产要素共同决定,θ_1、θ_2 分别表示资本和劳动力边际增加量对经济增长的贡献度,θ_3、θ_4 是本书重点关注的系数。θ_3 表示 FDI 以资本形式作为投入要素进入内资企业参与生产,它的边际变化量对内资企业产出的影响,即 FDI 对内资企业产生

的资本效应，如果 $\theta_3 > 0$ ，则表示 FDI 对内资企业存在正向的资本效应，如果 $\theta_3 < 0$ ，则表示 FDI 进入内资企业，并没有带来积极效应，反而对内资企业产生了不利影响，这时 FDI 存在负向的资本效应。θ_4 表示外资企业在中国的产出对总产出的贡献度。如果 $\theta_4 > 0$ ，说明外资企业在中国的经营活动促进了经济增长，反之则反是。而 θ_4 取决于 $\overline{\omega}$ ，因此，如果 $\overline{\omega} > 0$ ，外资企业产出有利于中国经济增长，并且 $\overline{\omega}$ 值越大，FDI 对总产出的积极影响越大，如果 $\overline{\omega} < 0$ ，则表示外资企业的产出对总产出构成了不利影响。

3.3.2　进一步解释

（1）对腐败与 FDI 关系的讨论

通过前面有关腐败与 FDI 关系的文献回顾，可以发现学界对此没有得出明确一致的结论。有的结论认为腐败对 FDI 具有"润滑效应"（Lui，1985；Egger 和 Winner，2005；Barassi 和 Zhou（2012）），有的则支持二者存在"摩擦效应"（Wei，2000；Habib 和 Zurawicki，2002），但从腐败与 FDI 在中国的实践来看，上述结论似乎都有存在的可能。基于此，我们认为它们二者间关系是不确定的。

对于以利润最大化为目标的外资企业，它们的决策都是基于收益与成本的权衡。如果它们某一决策产生的边际收益大于边际成本，外资企业便具有投资动力，反之则不愿意投资。针对 FDI 在中国的实践，不可否认，目前中国还未建立起完善的法律制度，政府官员利用公权力谋取私利的现象还存在（聂辉华和李金波，2006）。跨国企业在中国投资的过程中，无论出于"关系维护"还是出于试图与权力"合谋"来获取"制度暴利"，它们除了支付合法成本外，还存在向官员行贿的非法成本。我们认为，当跨国企业获得的总收益（合法收益和非法收益）能够弥补支付的总成本（合法成本和非法成本）时，即便存在腐败现象，跨国企业仍然具有投资动力；但当腐败超过一定限度，跨国企业难以获得利润时，它们就会停止投资。

基于上述分析，我们认为腐败与 FDI 之间可能存在非线性关系，当腐败程度保持在某一临界值以内，跨国企业的投资行为仍然能够获得利润，这时 FDI 会继续进入；但当腐败程度超过该临界值时，跨国企业的利润将逐渐减少，这时 FDI 也会减少，于是，我们结合公式（3-14），给出如下命题：腐败与 FDI 在整体上呈现出拉弗曲线（Laffer Curve）的特征。具体见图 3-2，其中，横轴代表腐败程度，纵轴代表外资企业获得的利润，c^*、π^* 分别代表临界点的腐败程度（支付的非法成本）和利润水平。

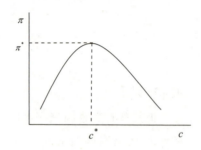

图 3-2　腐败与 FDI 存在的拉弗曲线关系

命题 3：当 $c^{nl} < c^*$ 时，外资企业通过行贿官员，能从中获得更多的预期收益，从而具有更加强烈的动机进行投资，这时，腐败与 FDI 表现出正相关关系；当 $c^{nl} > c^*$ 时，外资企业行贿后的收益不能弥补支付成本，从而不愿意进行投资，这时，腐败与 FDI 呈现出负相关关系。

（2）对 FDI 与经济增长关系的讨论

首先，FDI 进入中国后，它对中国经济绩效的影响具有多面性。不可否认，FDI 在整体上对中国经济实现持续快速增长作出了不可忽略的贡献，但也应该认识到，FDI 流入对中国经济造成了负面冲击。公式（3-23）中，θ_3 的符号对中国经济增长的影响是不确定的，FDI 对内资企业既可能产生正的资本挤入效应，也可能产生负的资本挤出效应。而 FDI 内含的其他要素，对中国经济将产生怎样的影响，也应当具体分析。

其次，流入中国的 FDI 不一定具有比国内企业更高的生产率。公式（3-23）中，我们假定外资企业的生产率是内资企业的 $1 + \overline{\omega}$ 倍。但事实上，进入的外资企业中，也存在大量"边际企业"，这些企业要么被发达国家淘汰而转移到中国，要么是其他发展中国家的企业基于技术导向或"制度接近性"（Habib 和 Zurawicki，2002）进入中国。它们进入不仅没有对中国国内企业产生积极溢出效应，还可能增加了中国经济增长过程中的"阻力"，从而 $\bar{\omega} < 0$，导致 $\theta_4 < 0$，并最终对中国经济增长产生不利影响。

最后，腐败、FDI 与经济增长可能存在内在的相互影响机理。中国目前特殊的制度安排为官员的公权私用提供了条件，跨国企业出于"时间税""关系维护"等因素存在向官员行贿的动机，从而中国经济可能存在腐败与 FDI 共同作用下的"非清洁型增长"。因此，在长期的地方政府引资竞争过程中，可能存在腐败对 FDI 的"润滑效应"及对中国经济绩效的"增长效应"。基于此，我们给出如下命题：

命题 4　FDI 对中国经济增长的影响是不确定和"非清洁型"的，腐败对 FDI 在一定程度上具有"润滑效应"，经过"润滑"的 FDI 促进了中国经济增长，因而，中国经济存在"腐败式增长"的可能。

3.4　本章小结

本章在已有研究成果的基础上，结合研究重点，构建出一个"引资竞争视角下 FDI 影响中国经济绩效"的一般性理论分析框架，并通过进一步解释，形成有待检验的命题。在该章中，我们从地方政府间存在激烈的引资竞争这一视角出发，首先分析了地方政府引入 FDI 后，它对投资地及周边地区收益的影响。通过分析发现，FDI 进入增加了投资地及周边地区的收益，但在总体上投资地的收益大于周边地区获得的收益。同时，我们认为，FDI 对投资地及周边地区产生的收益是其内含诸要素（资本、技术、制度、管理经验等）综合作用的结果，受引资地资源禀赋的影响，FDI 的经济效应在不同地区可能存在明显差异。

其次，我们遵循原有的分析框架，从腐败、经济增长的角度，进一步探讨了 FDI 对中国经济绩效的影响。分析发现腐败与 FDI 之间存在非线性关系，并结合前人的研究与 FDI 在中国的发展历程，得出二者存在"拉弗曲线"特征的命题，即当腐败程度保持在某一临界值之内，FDI 与其呈现出正相关关系，但当腐败程度超过该临界值时，二者呈现出负相关关系。同时，FDI 对中国经济增长的影响是不确定和"非清洁型"的，腐败可能"润滑"了 FDI 的进入，进而对中国经济绩效表现出"增长效应"，形成中国经济的"腐败式增长"。

4 中国利用 FDI 的政策演进与主要特征

4.1 引 言

自 20 世纪 70 年代末中国实施对外开放政策以来，作为经济全球化的重要载体，外商直接投资（FDI）开始进入中国。经过四十年的发展，FDI已经成为中国经济持续快速发展的基础性驱动要素。目前，中国已经成为世界上引资量最大的发展中国家，回顾 FDI 在中国的发展历程，可以发现无论在来源地构成、地区分布、行业分布、还是投资经营模式上，都呈现出与其他国家不同的显著特征。本章首先对 FDI 进入中国的发展历程进行回顾，分析不同时期中国引资政策的主要变化和特征；其次对 FDI 在中国呈现出的主要特征或典型事实进行归纳总结，分析其在来源地构成、地区分布、行业分布、经营模式等方面具有的主要特征及今后时期的发展趋势，从而为后续经验研究奠定基础。

4.2 中国引资政策的演进

20 世纪 70 年代末，中国实施经济体制逐步由计划经济向市场经济转变的战略部署，FDI 就是伴随着中国经济体制改革而产生和发展起来的。中国允许 FDI 进入国内始于 1979 年，同年 7 月 1 日国务院颁布实施《中华人民共和国中外合资经营企业法》，自此，中国开启了对外引资的阀门。经过近 40 年的发展，中国引进的 FDI 不仅取得了数量上的持续快速增长，而且在引资质量上也取得了较大幅度的提高。2017 年，中国实际利用 FDI 金额达 1310 亿美元，已经连续多年成为引资量最多的发展中国家。从中国的引资类型看，主要分为外商直接投资（FDI）和外商间接投资两大类。从外商投资的发展历程看，1991 年以前，中国引进的外资主要是间接投资；1992 年之后，进入中国的外资在结构上发生了显著变化，直接投资数额开始超过间接投资数额，之后二者间的差距进一步拉大，到 2000 年，外商直接投资数额占外商投资总额的比重平均达到 77.36%；自 2001 年以来，外商间接投资的数额进一步下降，而外商直接投资业已成为中国引进外资的绝对主体。表 4-1 列示了 1979—2017 年中国引进 FDI 的总体情况。

从 FDI 进入中国后的发展历程看，它主要经历了以下七个阶段，在每一个阶段，都与中国的引资政策相对应。这七个阶段分别是：探索起步阶段、稳步推进阶段、快速发展阶段、调整优化阶段、巩固提升阶段、重心转移阶段和深入发展阶段。

（1）探索起步阶段（1979—1986 年）

随着《中华人民共和国中外合资经营企业法》的颁布实施，中央先后批准在广东、福建两省实行有别于其他省市区的对外经济政策。通过分别设立深圳、珠海、汕头和厦门四个经济特区来促进相关政策的落实，然而，受当时条件限制，中国在对外引资活动中还明显缺少法律保障，基础设施建设落后，管理体制还存在比较明显的计划经济意识，外商在此阶段的投资态度比较慎重，引资金额增长缓慢。1983 年 5 月，国务院召开了第一次全国利用外资工作会议，专门就引进外资作出了要求，决定进一步放宽外资进入政策。在 1984 年之后，国家先后在沿海省市开放了 14 个港口城市①，设立了 14 个沿海经济开发区②。与此同时，进一步扩大地方政府

---

① 14 个港口城市分别是：大连、秦皇岛、天津、烟台、青岛、连云港、南通、上海、宁波、温州、福州、广州、湛江和北海。

② 14 个沿海经济开发区分别是：沈阳、大连、秦皇岛、天津、烟台、青岛、连云港、南通、宁波、温州、福州、广州、湛江和上海。

在引资过程中的审批权限，各地可以根据自身实际情况对引资政策作出灵活调整，从而为 FDI 进入提供了良好的投资环境，对其参与国内经济活动提供了有力的政策支持和保障。

在这一阶段，中国引进入 FDI 金额有限，年增长率缓慢。1979—1986年，全国累计项目合同数 8295 个，合同利用外资累计金额 194.13 亿美元，实际利用外资累计金额 84.04 亿美元，8 年间合同利用与实际利用外资年均金额分别仅为 21.57 亿美元和 9.23 亿美元。同时，这一时期的外资来源主要是中国香港、中国澳门和中国台湾三个地区，项目内容主要集中于劳动密集型行业及某些服务行业，尤其以"三来一补"① 项目居多，并且大多 FDI 都集中分布在广东、福建两省，而来自其他国家或地区的 FDI 较少。

（2）稳步推进阶段（1987—1991 年）

1986 年 4 月，随着《中华人民共和国外商投资企业法》的颁布实施，中国在对外引资工作上迈入了新的阶段。它标志着外资进入中国后，政府的引资活动有法可依、有法可循，对外资企业的经营管理步入了法制化和制度化轨道，为逐步建立完整有效的引资法律法规体系奠定了基础。同年10 月，国务院颁布了《关于鼓励外商投资的规定》及若干实施办法，该规定进一步提高和改善了外商在华投资的生产条件和经营环境，并对外商投资产品出口企业和先进技术企业给予了更为优厚的政策支持。1987 年 12月，国家有关部委就吸引外资作出更为具体的部署，出台了《指导吸收外商投资方向暂行规定及其目录（1987）》。之后的 1988—1989 年，国务院先后颁布实施了《中华人民共和国中外合作企业法》《关于鼓励台商投资的意见》《关于鼓励海外侨胞和港澳同胞投资的规定》等一系列法律法规，为进一步优化及完善外商在华投资环境提供法律保障，有效促进了 FDI 流入金额的增加。

随着相关法律法规的陆续实施，FDI 在中国的投资范围不断扩大，由最初的点状分布逐步向全国网状式发展。1988 年，北部沿海的辽东半岛、

---

① "三来一补"指来料加工、来样加工、来件装配和补偿贸易，最早出现于 1979 年，是中国在改革开放初期创立的一种企业贸易形式。

山东半岛及其他沿海地区的一些市、县相继被批准成立沿海经济开发区。特别是国家将海南整体设立为经济特区，从而成为中国唯一的省级经济特区。1990 年，国家又进一步作出战略部署，决定开发上海浦东新区。至此，以东南沿海城市为主要引资区域的引资格局初步形成。在该时期，进入中国的 FDI 金额明显增加，并且在区域分布上出现了由沿海向内陆扩散的趋势，投资项目也呈多元发展。1987—1991 年，全国外商投资累计项目合同数达到 34208 个，与前一阶段相比，增加了 3.12 倍；合同利用外资、实际利用外资累计金额分别达 331.79 亿美元和 167.53 亿美元，平均每年利用外资金额分别为 66.36 亿美元和 33.51 亿美元，比前一阶段分别增长了 0.71 倍和 1.02 倍（见表 4 - 1）。

表 4 - 1　　　　　　　中国 1979—2017 年引进 FDI 的总体情况

时间（年）	项目合同数（个）	合同利用外资		实际利用外资	
		金额（亿美元）	增长率（%）	金额（亿美元）	增长率（%）
1979—1984	3724	97.50		41.04	
1985	3073	63.33		19.56	
1986	1498	33.30	- 47.42	22.44	14.72
1987	2233	37.09	11.38	23.14	3.12
1988	5945	52.97	42.81	31.94	38.03
1989	5779	56.00	5.72	33.92	6.20
1990	7273	65.96	17.79	34.87	2.80
1991	12978	119.77	81.58	43.66	25.21
1992	48764	581.24	385.30	110.08	152.13
1993	83437	1114.36	91.72	275.15	149.95
1994	47549	826.80	- 25.80	337.67	22.72
1995	37011	912.82	10.40	375.21	11.12
1996	24556	732.76	- 19.73	417.26	11.21
1997	21001	510.03	- 30.40	452.57	8.46
1998	19799	521.02	2.15	454.63	0.46
1999	16918	412.23	- 20.88	403.19	- 11.31
2000	22347	623.80	51.32	407.15	0.98

时间（年）	项目合同数（个）	合同利用外资		实际利用外资	
		金额（亿美元）	增长率（%）	金额（亿美元）	增长率（%）
2001	26140	691.95	10.92	468.78	15.14
2002	34171	827.68	19.62	527.43	12.51
2003	41081	1150.69	39.03	535.05	1.44
2004	43664	1534.79	33.38	606.30	13.32
2005	44001	1890.65	23.19	603.25	−0.50
2006	41473	1937.27	2.47	630.21	4.47
2007	37871			747.68	18.64
2008	27514			923.95	23.58
2009	23435			900.33	−2.56
2010	27406			1057.35	17.44
2011	27712			1160.11	9.72
2012	24925			1117.16	−3.70
2013	22773			1175.86	5.25
2014	23778			1195.62	1.68
2015	26575			1262.67	5.61
2016	27900			1260.01	−0.11
2017	35652			1310.40	4.00
总计	899956			18965.64	

资料来源：《中国统计年鉴（2017）》。

（3）快速发展阶段（1992—1995 年）

1992 年，随着邓小平同志南方谈话和党的十四大召开，中国引进 FDI 的金额发生了巨大变化，呈现出快速增长的势头，标志着外商投资在中国步入了发展的快车道。这一时期，中国宣布建立中国社会主义市场经济体制，进一步放宽引资条件及外资进入领域，允许 FDI 进入房地产、信息咨询等先前的限制性行业以及商业、金融、民用航空、技术服务等禁止性行业。并且在不断优化完善东南沿海地区投资环境的过程中，国务院先后开放了 5 个沿江港口城市①、13 个内陆边境城市（镇）② 和 18 个内陆省会城市③，进一步实现了沿江（长江）、沿线（陇海线、兰新线）和沿边（边境）的对外开放，从而初步形成了全方位、多层次、宽领域、大范围、有重点的"四沿"（沿海、沿江、沿线、沿边）的对外开放格局。1995 年，国家又先后出台了《中华人民共和国合作经营企业实施细则》等一系列涉外经济法律法规，进一步激发了外商来华投资的动力，强化了他们来华投资的信心。

这一时期，进入中国的 FDI 不仅在金额上高速增长，而且在来源地、经营模式上也呈现出新的特点，并且无论是从利用外资广度，还是深度上都取得了重大突破和进展。在来源地上，陆续出现了美国、欧盟、日本等发达经济体的企业；在经营模式上，独资、合资及合作三种方式并存；在进入领域上，进入资本密集型行业的 FDI 增多，而进入资源密集型行业的 FDI 趋于下降。1992 年，进入中国的 FDI 数量占到发展中国家总量的 22.48%，中国从而成为引资量最大的发展中国家。1993 年，中国引进的 FDI 数量再次升高，其金额占到发展中国家引资总量的 37.67%，成为仅次于美国之后的全球第二大引资国。1992—1995 年，全国外商投资累计项目合同数达到 216761 个，在第二阶段的基础上增长了 5.34 倍，合同利用外资与实际利用外资累计金额分别达到 3435.22 亿美元和 1098.11 亿美元，二者的年均利用金额分别达到 858.81 亿美元和 274.53 亿美元，与上一阶段相比，分别增长了 9.35 倍和 7.19 倍。

（4）调整优化阶段（1996—2001 年）

经过前两个阶段的发展，外资企业在中国获得了良好的投资环境及政策支持，从而无论是项目数量，还是利用金额都取得了长足进步，"以市场换技术"的引资战略取得了巨大成功。然而，随着外资的大量进入，一

---

① 5 个沿江港口城市分别是：重庆、武汉、岳阳、九江、芜湖。

② 13 个内陆边境城市（镇）分别是：黑河、绥芬河、珲春、满州里、二连浩特、伊宁、博乐、塔城、瑞丽、畹町、河口、凭祥、东兴。

③ 18 个内陆省会城市分别是：合肥、南昌、长沙、成都、郑州、太原、西安、兰州、银川、西宁、乌鲁木齐、贵阳、昆明、南宁、哈尔滨、长春、呼和浩特、石家庄。

些资源密集型、环境污染型及技术边际型企业对中国经济的持续发展造成了负面影响。面对这一新出现的情况，国家开始对引资政策进行调整和优化，重点从区域优惠逐渐向产业优惠转变，在注重引资数量的过程中，不断提高引资质量，促使其与中国的经济结构调整相协调。与此同时，进一步扩大外资进入领域和范围，允许其在金融、保险、医疗及中介机构投资，鼓励支持跨国企业在中国设立研发中心，并对符合条件的企业给予免征进口关税和技术转让营业税等。1995 年，国务院出台了《指导外商投资方向暂行规定》《外商投资企业指导目录》等法律文件，进一步明确了FDI 投资行业范围和政策支持力度。1996 年，国务院发布《关于改革和调整进口税收政策的通知》，该通知要求对新批准设立的外商投资企业按相关法定税率征收设备和原材料关税及进口环节税，取消它们在该方面长期获得的优惠政策。同时，为了鼓励及规范外资企业在华设立研发中心，2000 年 4 月，对外贸易经济合作部发布了《外商投资设立研发中心有关问题的通知》，该通知就研发中心的设立条件、经营范围及相关政策支持作出了明确规定，从而为外资企业在华从事技术、产品、项目等方面的创新提供了法律保障。

同时，受东南亚金融危机的影响，这一时期进入中国的 FDI 无论在项目数量上还是在利用金额上都出现了较大程度的波动，但到 2000 年又表现出明显的增长趋势。并且随着美国、欧盟、日本等发达经济体的跨国企业大量进入，FDI 在中国的质量得到了进一步提高，以资本密集型、技术密集型为核心的项目明显增加，从而对中国产业结构的优化和提升产生了积极影响。这一阶段受国家引资政策调整及区域资源禀赋影响，大量 FDI 开始由东部沿海向中西部地区转移，FDI 在地域上的分布日趋合理，已经由在沿海集聚的点状分布发展成在全国投资的网状分布。1996—2001 年，全国外商投资累计合同项目为 130761 个，与前一时期（1992—1995 年）相比，增长了 50.32%，合同利用外资与实际利用外资累计金额分别为3491.79 亿美元和 2603.58 亿美元，二者的年均利用金额分别达到 581.97亿美元和 433.92 亿美元，分别是上一阶段（1992—1995 年）的 1.02 倍和

2.37 倍。

（5）巩固提升阶段（2002—2006 年）

进入 21 世纪，国家开始了"西部大开发"战略的实施，其为广大西部地区经济发展带来了巨大机遇，在国家政策指引与支持下，大量 FDI 进入西部地区，或者从东部沿海向该区域转移。这一时期，为了鼓励外资企业在中、西部投资，希望通过先进技术、设备及管理经验等推动内陆地区企业生产率提升，促进地区产业结构优化升级，实现区域经济水平的整体提高，国务院于 2000 年 6 月颁布实施了《中西部地区外商投资优势产业目录》，外资企业在目录范围内投资，将享受《指导外商投资方向暂行规定》中鼓励类项目的优惠政策，以及 1999 年《国务院办公厅转发外经贸部等部门关于当前进一步鼓励外商投资意见的通知》中的有关优惠政策。并且鼓励东部地区的外资企业到中、西部地区再投资，这些企业在设立条件、投资比例上将享受更多的优惠政策。比如对于再投资比例超过 25% 的项目，将视为新进入的外资企业而享受同等待遇。随着中国成功加入世界贸易组织（WTO），某些涉外经济法律法规与 WTO 相关协议规则不相吻合，基于此，全国人民代表大会分别于 2000 年 3 月和同年 10 月对《中华人民共和国中外合资经营企业法》《中华人民共和国外资企业法》进行了修正，并于 2001 年 3 月再次对《中华人民共和国中外合资经营企业法》进行了修改，使之与《与贸易有关的投资措施协议》（*Agreement on Trade - Related Investment Measures*，*TRIs*）中条款相一致，从而进一步完善了中国的引资政策。

在"西部大开发"战略顺利实施及成功加入 WTO 等因素的推动下，中国引进 FDI 的数量进一步增长，并于 2002 年首次超过美国，成为全球引资量最大的国家。为了进一步提高 FDI 的利用效率及规范外资企业在华投资行为，使之与中国的经济发展相协调，国家对《外商投资产业指导目录》进行了修改，先后出台了《外商投资商业领域管理办法》《外商投资项目核准暂行管理办法》《外国投资者并购境内企业规定》等一系列法律法规，并就外资企业进入银行、金融、保险等服务业给予了更进一步的规范，在整体上优化了在华外资企业的投资环境，为其更好地从事生产经营活动提供了法律及制度保障。2006 年，随着加入 WTO 过渡保护期的结束，中国日渐成为世界经济整体中不可缺少的部分，而 FDI 业已成为中国对外开放及经济发展过程中不可忽视的构成要素。2002—2006 年，全国外商投资累计项目合同数达 204390 个，表现出平稳增长的态势，合同利用外资与实际利用外资累计金额分别达 7341.08 亿美元和 2902.24 亿美元，其年均利用金额分别为 1468.22 亿美元和 580.45 亿美元，二者分别是上一时期（1996—2001 年）的 2.10 倍和 1.11 倍。

（6）重心转移阶段（2007—2012 年）

经过近 30 年的发展，FDI 对中国经济发展作出了巨大的贡献。但与此同时，受国内特殊制度安排的影响，FDI 对中国经济的负面影响也日趋明显。自改革开放以来，中央政府为了激发地方政府发展辖区经济的积极性，通过"经济分权"和"政治晋升"来激励地方政府。地方政府在宽松的引资条件和不断扩大的自主权限下，纷纷给予外资企业"超国民待遇"，从而出现了激烈的引资竞争。日益恶化的引资争夺不仅增加了地方政府引资过程中的成本，同时提高了外商的议价优势，最终带来了外资进入的环境污染、产业同构、市场垄断等负面影响。为了阻止上述负面影响的进一步恶化，2006 年 11 月，国家发展改革委员会在《利用外资"十一五"规划》中明确提出，要将引资工作重心从重"量"转向重"质"，从重资金、外汇转向重技术、人才和管理经验；要将 FDI 进入产生的经济效益、社会效益、生态效益结合起来，而不能"唯 GDP 是重"；要将引进 FDI 项目与国内产业结构、技术水平、经济发展要求等契合起来，努力推动引入 FDI 由传统加工、低端制造、装配向产业链顶端制造、产品研发与创新及现代服务业等领域发展，促进中国产品在经济附加值、科技含量等内容上的明显提升。

长期以来，外资企业在华享受着诸如土地使用、税费减免等多项优惠政策，造成了内外资企业的不平等竞争。针对这一情况，国内企业及社会各界纷纷要求取消外资企业的"超国民待遇"，统一税制。2007 年 3 月，全国人民代表大会审议通过了《中华人民共和国企业所得税法》，该法明确规定内外资企业统一实行 25% 的所得税率①，取消外资企业的"两免三减半"②的优惠政策。该法规的实施，为内外资企业在市场竞争过程中提供了平等的外部环境，更有利于企业依靠自身优势获取利润，而减少通过政策支持获取政策红利。2007 年，美国次贷危机开始在全球扩散，为了应对其可能带给国内经济的影响，并进一步利用 FDI 提升中国经济增长质量。国务院于 2010 年 4 月出台了《关于进一步做好利用外资工作的若干意见》，该意见对外商企业的投资方向、行业、范围等作出了要求，鼓励 FDI 进入高端制造业、高新技术产业、现代服务业、新能源和节能环保产业；对"两高一资"③、低水平和产能过剩项目进行严格限制。这一时期，中国引进的 FDI 呈平稳增长，投资项目进一步向资本密集型、技术密集型行业倾斜，引资质量得到进一步提升。2007—2012 年，全国外商投资累计项目合同数为 168863 个，与前一阶段（2002—2006 年）相比，有所下降。实际利用外资累计金额为 5906.08 亿美元，年平均利用额为 984.35 亿美元，是前一时期的 1.70 倍。

（7）深入发展阶段（2013 年以来）

党的十八大以来，中国对外开放向纵深方向推进，先后批准同意在上海、广东、福建、天津等省市设立自由贸易试验区，并对区内贸易实行负面清单管理，从而对外资进入中国提供了更多便利。同时，中国加快高水平自由贸易网络建设，全面推进供给侧结构性改革，这些都显著改善了中国利用外资的营商环境。在各区域招商引资过程中，东部沿海地区更加强调外资质量，招商引资逐渐向招商引智转变，中西部地区的引资更加强调与当地实际的匹配，更加强调环保的重要性。中共十九大报告明确提出，实行高水平的贸易和投资自由化便利化政策，全面实行准入前国民待遇加

① 在此之前，内外资企业的税率存在明显差异，外商投资企业实行 15% 的名义税率，而实际税率则进一步降低为 11%；内资企业实行 33% 的名义税率，实际税率也远高于外商投资企业，高达 23%。

② "两免三减半"的优惠政策指的是外商投资企业可享受从获利年度起两年免征、三年减半征收企业所得税的规定。

③ "两高一资"项目指的是高能耗、高污染和资源性项目。

负面清单管理制度，大幅度放宽市场准入，扩大服务对外开放，保护外商投资合法权益。可以预期，随着引资政策的不断优化和扎实推进，中国对外资的吸引力将进一步增强，中国的营商环境将进一步改善。

在这一时期，多项重要政策陆续出台。2013 年，商务部发布公告，取消省级以下商务主管部门转报环节，简化申报文件，取消部分无法律、法规明确规定需要报送的文件，简化企业设立的登记和注册程序，以推进"放管服"改革。2014 年，国家发展改革委出台《外商投资项目核准和备案管理办法》，其中将外商投资项目由全面核准改为有限核准和普遍备案相结合的管理方式。2017—2018 年，国务院及相关部委先后出台《关于促进外资增长若干措施的通知》《关于积极有效利用外资推动经济高质量发展若干措施的通知》《自由贸易试验区外商投资准入特别管理措施（负面清单）（2018 年版）》《外商投资准入特别管理措施（负面清单）（2018 年版）》《关于扩大对外开放积极利用外资若干措施的通知》等政策文件，就外资投资自由化、投资便利化等问题进行明确和规范，从而对外资在中国境内的投资活动提供了政策保障。2013—2017 年，全国外商投资累计项目合同数为 136678 个，实际利用外资累计金额为 6204.56 亿美元，年平均利用金额为 1240.92 亿美元，与前一时期（2007—2012 年）相比，年均利用金额增长 256.49 亿美元。

4.3　FDI 在中国发展的主要特征

4.3.1　FDI 来源地构成[①]

作为 FDI 全球投资的主要目的地之一，自改革开放以来，中国引进

---

① 进入中国的外资企业中，其来源几乎遍及全球主要国家（地区），出于分析方便，这里只统计了对中国 FDI 来源构成起到重要影响的国家（地区）。具体国家（地区）名录为：亚洲（中国香港、印度尼西亚、日本、中国澳门、马来西亚、菲律宾、新加坡、韩国、泰国、中国台湾）；欧盟（比利时、丹麦、英国、法国、爱尔兰、意大利、卢森堡、荷兰、希腊、葡萄牙、西班牙、奥地利、芬兰、瑞典）；北美洲（加拿大、美国）；自由港（毛里求斯、巴巴多斯、开曼群岛、英属维尔京群岛、萨摩亚）。

FDI 达成的合同项目快速增加，截至 2017 年底，FDI 项目合同数累计达834136 个，实际利用金额累计达 18966 亿美元。从来源地的洲际情况看，亚洲是中国利用 FDI 最多的地区。1997—2016 年，中国实际利用来自亚洲地区的外资金额累计达 11325 亿美元，占累计总金额的 69.37%，超过中国实际利用外资金额的近 70%；1997—2016 年，中国实际利用来自拉丁美洲的 FDI 金额达 2017 亿美元，占累计总金额的 12.69%，分别超过欧洲（6.77%）和北美洲（4.96%）近 6 个百分点和近 8 个百分点。这表明，中国实际利用的外资具有明显的地区差异，亚洲地区在距离上具有明显优势，在传统文化方面具有一定的同源性，或许这是大量 FDI 进入中国的原因。拉丁美洲地区大多为发展中国家甚至不发达国家，外资大量流入中国，一方面可能是中国具有巨大的市场，另一方面可能存在"制度接近性"方面的因素。值得注意的是，中国实际利用的 FDI 中，来自自由港的金额占到一定比重，1997—2016 年，来自自由港的 FDI 占总金额的比重达到近 7%，主要原因可能是税收及投资便利性等因素所致（见图 4－1）。

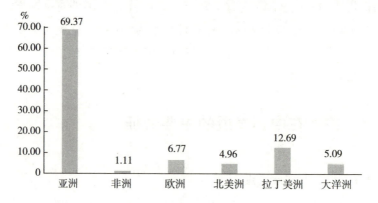

资料来源：根据历年《中国统计年鉴》整理获得。

图 4－1　1997—2016 年中国利用 FDI 的主要来源地比重分布

从年份看，各大洲流入中国的 FDI 表现出不同的特征。作为中国实际利用外资最多的地区，亚洲流入中国的 FDI 逐年增加，由 1997 年的 343 亿美元增加到 2015 年的 1042 亿美元，2016 年小幅下降为 988 亿美元，表现出明显的上升趋势。对于中国实际利用 FDI 的第二大地区，拉丁美洲流入中国的 FDI 表现出较大的波动性。1997—2008 年，该地区流入中国的 FDI 由 20 亿美元增长到 209 亿美元，此后开始逐年下降，并于 2014 年达到历史低点，金额为 77.15 亿美元。2016 年，拉丁美洲流入中国的 FDI 达 122.16 亿美元，表现为回升的趋势。作为发达经济体的主要地区，1997—2016 年，欧洲、北美洲两个地区流入中国的 FDI 累计金额分别为 809 亿美元和 2071 亿美元，年均金额分别为 55.30 亿美元和 40.47 亿美元，并且年均流入金额相对稳定。1997—2016 年，非洲地区流入中国的 FDI 累计金额为 181.84 亿美元，是中国实际利用外资最少的洲（见图 4-2）。

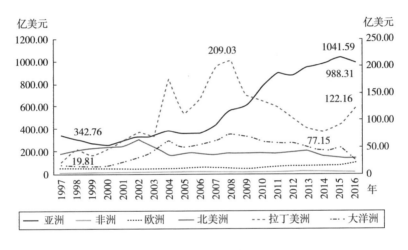

资料来源：根据历年《中国统计年鉴》数据整理获得。

图 4-2　1997—2016 年世界各大洲流入中国 FDI 的变化情况

从具体的来源国（地区）看，1997—2016 年，中国实际利用外资最多的 15 个国家（地区）中，亚洲国家（地区）最多，共 6 个，分别为中国香港、日本、新加坡、韩国、中国台湾和中国澳门，其中，中国香港是中国在亚洲的最大 FDI 来源地，中国实际利用 FDI 累计达 8144 亿美元，占亚洲累计总金额的 71.91%，占全部 FDI 累计总金额的 49.89%；其次是来自欧洲的国家，共 4 个，分别是德国、英国、荷兰和法国，其中，德国是中国在欧洲的最大 FDI 来源地，累计金额达 264 亿美元，占欧洲累计总金额 23.91%，占全部 FDI 累计总金额的 1.62%。美国是中国利用北美洲 FDI

最多的国家，1997—2016 年，中国实际外资累计金额为 654 亿美元，占北美洲累计总金额的 80.83%，占全部 FDI 累计总金额的 4.01%。值得注意的是，在拉丁美洲、大洋洲中，流入中国的 FDI 大多为自由港（如维尔京群岛、开曼群岛），其中原因可能受税收及投资便利性的影响（见表 4 - 2）。

表 4 - 2　　　　1997—2016 年主要来源地 FDI 在中国的投资比较

（前十五位，按金额排序）

位次	国家/地区	累计实际利用外资		
		金额（亿美元）	占区域比重（%）	占全部比重（%）
1	中国香港	8144	71.91	49.89
2	维尔京群岛	1545	74.60	9.46
3	日本	906	8.00	5.55
4	新加坡	789	6.97	4.83
5	美国	654	80.83	4.01
6	韩国	650	5.74	3.98
7	中国台湾	495	4.37	3.03
8	大洋洲及太平洋岛屿	371	44.63	2.27
9	开曼群岛	344	16.59	2.10
10	德国	264	23.91	1.62
11	萨摩亚	258	31.10	1.58
12	英国	175	15.84	1.07
13	荷兰	155	14.01	0.95
14	法国	142	12.85	0.87
15	中国澳门	110	9.96	0.67

资料来源：根据历年《中国商务年鉴》《中国贸易外经统计年鉴》整理获得。

4.3.2　FDI 在中国的地区分布

从 FDI 在中国各省份的分布情况看，它表现出极大的差异性，在总体上呈现出由沿海向内陆逐次递减的特征。作为中国对外开放的前沿地区，广东、福建等省份是 FDI 最先进入的省份，最初二者引进的 FDI 数量超过全部数量的 90%，表现出外资企业在地域上的点状分布。后来，随着国家对沿江、沿线及沿边地区的陆续开放，FDI 逐渐向内陆地区扩展，表现出其在中国地域上的网状分布。但总体而言，FDI 的地域分布具有明显的区域"扎堆"特征，在东、中、西三个地区中①，无论是企业数量，还是实际利用金额，东部地区都占据了较大比重，只有少量 FDI 流入到其他两个地区。1994—2016 年，东部地区外资企业累计数量占比达到 81.72%，中、西部地区的占比分别为 10.34% 和 7.94%；1994—2016 年，东部地区实际利用外资金额的比重为 82.84%，而中部地区和西部地区的比重分别为 9.73% 和 7.43%，在总体上东部地区远远高于其他两个地区（见图4 – 3）。

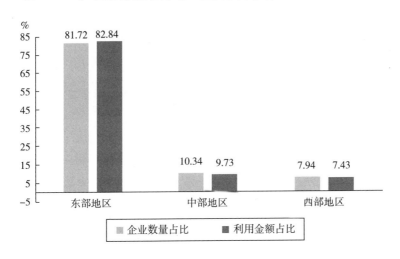

资料来源：根据历年《中国统计年鉴》整理获得。

图4 – 3　1994—2016 年 FDI 区域分布情况

从数量分布情况看，东、中、西三大地区的外资企业在整体上表现出类同性。1994—1996 年，外资企业在三大地区加快设立，企业数量呈上升

①　根据国发〔2000〕33 号文件，东、中、西三大地区分别是指：东部地区（北京、天津、河北、辽宁、上海、江苏、浙江、福建、山东、广东、海南）；中部地区（山西、吉林、黑龙江、安徽、江西、河南、湖北、湖南）；西部地区（内蒙古、广西、四川、重庆、贵州、云南、陕西、甘肃、清海、宁夏、新疆、西藏）。

趋势；1997 年，受亚洲金融危机影响，中国经济出现下滑，外资企业数量开始下降，并逐年回落，2001—2004 年，三个地区的外企数量达到历史低点，之后开始缓慢回升；2007 年，美国次贷危机对全球经济造成了明显冲击，为应对其对国内经济产生的影响，政府采取了一系列措施，如宽松的货币政策和积极的财政政策，在政策引导下，国外资本大量流入中国，外资企业数量大幅增加，2008 年，东、中、西三个地区的外企数量分别为 35.1 万家、4.8 万家和 3.6 万家，较各自低点分别增长了 1.1 倍、1.7 倍和 1.4 倍。2009—2016 年，中国正着力推进产业结构调整升级，政府对外资企业的质量要求提高，企业数量在整体上较以前增长幅度不大，2016 年，东、中、西三个地区的外企数量分别为 41.7 万家、4.8 万家和 4 万家（见图 4-4）。

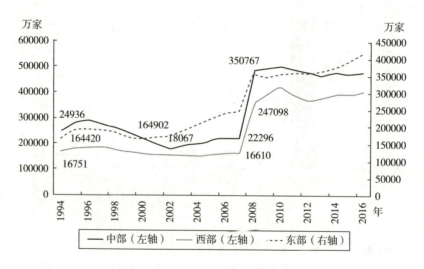

资料来源：根据历年《中国统计年鉴》整理获得。

图 4-4　1994—2016 年东中西部外资企业数量情况

从外资企业在三个地区的年度投资总额看，1994—2016 年，东、中、西三个地区分别由 40.8 亿美元、4.7 亿美元、4.3 亿美元分别增长到 421.8 亿美元、49.1 亿美元和 44.4 亿美元，分别增长了 9.3 倍、10.4 倍和 9.3 倍，表现出强劲的增长势头。值得注意的是，虽然中国受到了亚洲金融危机、美国次贷危机影响，但外国资本流入中国的数量并未下降，仍呈现出稳步增长的趋势。这表明外资企业长期看好中国经济的发展，中国市场对其具有强大的吸引力。同时，我们也发现，东部地区始终是外资流入的集聚地，中西部地区在引资吸引力方面还有较大差距，1994—2016 年，外资在三个地区的年均投资额分别为 160 亿美元、19 亿美元和 16 亿美元，前者分别是后两者的 7.4 倍和 9 倍（见图 4 – 5）。

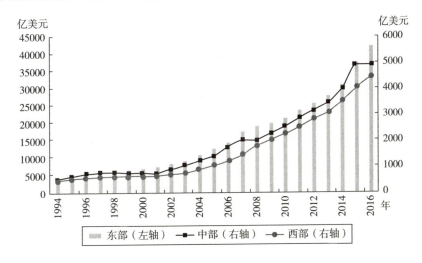

资料来源：根据历年《中国统计年鉴》整理获得。

图 4 – 5　1994—2016 年东中西部外资企业年度投资额情况

从 FDI 在中国地区分布的变化趋势看，1994—2016 年，FDI 在前 5 个省份的比重保持在 53.92% ~ 64.02%，二者相差约 10 个百分点；在前 10 个省份的比重保持在 65.84% ~ 86.11%，二者相差约 20 个百分点，这进一步说明 FDI 在地区分布上的不平衡，其在地域上的"扎堆"现象比较明显。同时，随着中国对外开放的扩大与深入，FDI 在东、中、西三大地区也表现出一定的差异性，2012 年之前，FDI 虽然在总体上依然集中于东部地区，但在该地区的比重趋于下降，呈现出逐渐向中、西转移的趋势；2012 年之后，FDI 在三大地区的分布上又呈现出东部地区明显上升，中西部地区比重趋势向下的特征。1994—2012 年，FDI 在东部地区的比重由最高的 88.25% 下降到 66.17%，下降了约 12 个百分点；中部地区的比重由

1994 年 6.42% 增长为 2012 年的 20.31%，增长了约 14 个百分点；西部地区的比重由最低的 5.31%（1995 年）增长到 2012 年的 13.52%，增长了约 8 个百分点；2012 年以来，FDI 在东部地区的比重显著上升到 80% 以上，中部地区保持在 10% 左右，西部地区下降到 8%~9%（见表 4-3）。

表 4-3　　1994—2016 年 FDI 在中国东、中、西三大地区的投资比较（按金额）

时间（年）	变异程度（%）	比重（%）				
		前 5 个省份	前 10 个省份	东部地区	中部地区	西部地区
1994	2.16	59.82	83.47	88.25	6.42	5.33
1995	2.21	61.08	84.02	87.64	7.05	5.31
1996	2.09	59.97	84.77	86.91	7.21	5.88
1997	2.13	62.04	85.10	86.10	7.49	6.41
1998	2.25	63.11	85.68	85.32	8.35	6.33
1999	2.11	63.59	86.11	83.57	9.77	6.66
2000	2.19	62.05	84.23	81.96	11.03	7.01
2001	2.17	60.90	82.39	80.72	11.16	8.12
2002	2.10	62.17	80.73	79.49	13.56	6.95
2003	2.26	64.02	79.40	77.98	12.29	9.73
2004	2.18	61.45	77.95	79.05	14.81	6.14
2005	2.22	60.23	80.17	77.11	15.90	6.99
2006	2.24	58.86	78.59	75.24	16.72	8.04
2007	2.06	60.77	75.44	74.38	14.93	10.69
2008	2.13	57.34	74.28	72.01	17.08	10.91
2009	2.07	55.92	71.03	68.55	20.35	11.10
2010	2.15	57.03	68.42	69.23	19.94	10.83
2011	2.08	54.19	67.25	66.50	21.07	12.43
2012	2.06	53.92	65.84	66.17	20.31	13.52
2013	2.12	60.57	81.44	81.03	10.08	8.89
2014	2.09	59.83	80.91	80.46	10.39	9.15
2015	2.15	56.98	80.48	80.34	10.75	8.91
2016	2.19	57.16	81.01	81.77	9.57	8.66

资料来源：根据历年《中国统计年鉴》《中国对外经济统计年鉴》整理获得。计算公式为各省份（地区）当年实际利用 FDI 金额/当年全国实际利用 FDI 金额。

4.3.3 FDI 在中国的行业分布

从外资企业数量在行业间的分布情况看，三大行业表现出显著的差异性。农业和工业的企业数量呈现出"先增后降"的特征，服务业在整体上表现出持续增长的特征。1996—2004 年，外资在农业和工业的企业数量分别由 797 家和 19121 家增长到 1130 家和 31531 家，分别增长了 42% 和 65%；自 2005 年开始，两个行业的企业数量表现出明显的下降趋势，到 2016 年，农业和工业的外企数量分别下降到 558 家和 4618 家，较最高时期分别下降了 51% 和 85%。1996—2016 年，服务业外资企业数量由 2658 家增长 22724 家，增长了 7.5 倍。这反映出，随着中国经济的发展，外资企业正由传统行业向新兴行业流入，服务业已经成为外资企业的集聚地（见图 4 - 6）。

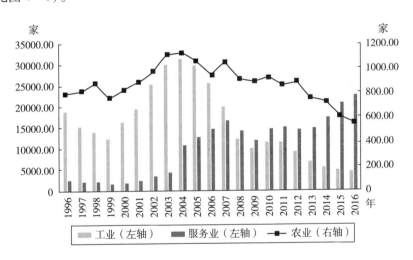

资料来源：根据历年《中国统计年鉴》整理获得。

图 4 - 6 1996—2016 年 FDI 行业（按数量）分布情况

从外资金额在行业间的变化情况看，FDI 在总体上进入农业的比重最低，而进入工业和服务业金额呈现出显著的"此消彼长"的特征。1997—2016 年，外资流入农业的金额增长缓慢，比重保持在 1% ~ 3%；对于流入工业的 FDI，其比重由 1997 年的 78% 增长到 2003 年的最高点 82%，之后逐年下降，到 2016 年，该比重下降至 32%，与最高点相比，下降了 50 个百分点；与工业的变化趋势相反，1997—2003 年，外资在服务业的比重趋于下降，从 20% 下降到 16%，2004 年以后，FDI 在服务业的比重逐年上升，到 2016 年，该比重增长到 67%，较 2003 年增长了 50 个百分点。该趋势也表明，随着中国经济结构的调整升级，外资正由传统行业向以现代服务业为代表的新兴行业转变，服务业将成为中国未来经济的主要增长点（见图 4 - 7）。

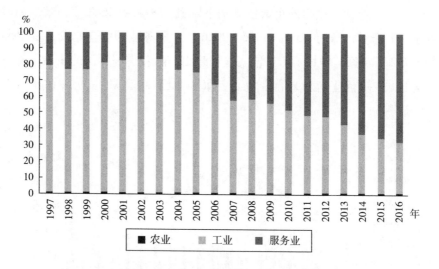

资料来源：根据历年《中国统计年鉴》整理获得。

图 4 - 7 1997—2016 年 FDI 行业（按金额）比重变化情况

从行业分布看，FDI 在中国行业间的分布明显不均衡。1994—2016年，无论是累计合同项目数量，还是累计合同利用外资金额，进入制造业的 FDI 比重占 50% 左右，成为吸引外资最大的行业。样本期内，制造业吸引的 FDI 累计合同项目数量达到 51.49 万个，占合同项目总量的 59.57%，累计合同利用外资金额为 1.63 万亿美元，占总金额的 49.14%。处于第二位的是房地产业，其累计合同项目数量与利用外资金额分别为 5.31 万个和4407.54 亿美元，各自占合同项目总量与利用外资总金额的比重分别为6.14% 和 13.27%，两个指标与制造业相比差距较大，分别相差 53 个百分点和36个百分点。吸引 FDI 第三大行业是租赁和商务服务业，其累计合同项目数量为 6.01 万个，累计合同利用外资金额为 1608.47 亿美元，二者分别占合同项目总数及利用外资总金额的 6.95% 和 4.84%，与前两个行业相比，该行业合同利用外资金额差距明显，分别比制造业、房地产业低 44 个百分点和 9 个百分点，余下两个行业（批发和零售业和交通运输、仓储和邮政业）在利用金额上则进一步下降（见表 4 - 4）。

表 4 - 4 1994—2016 年 FDI 在中国主要行业的投资比较

（前五位，按金额排序）

位次	行业	累计合同项目		累计合同利用外资	
		数量（万个）	比重（%）	金额（亿美元）	比重（%）
1	制造业	51.49	59.57	16325.92	49.14
2	房地产业	5.31	6.14	4407.54	13.27
3	租赁和商务服务业	6.01	6.95	1608.47	4.84
4	批发和零售业	10.48	12.12	1311.56	3.95
5	交通运输、仓储和邮政业	1.17	1.35	795.14	3.39

资料来源：根据历年《中国商务年鉴》整理获得。

4.3.4 FDI 占全社会固定资产投资比重与投资模式

从 FDI 占全社会固定资产投资比重情况看，虽然进入中国的 FDI 保持平稳增长，但其占全社会固定资产投资的比重不断下降，表明在推动中国经济发展的诸要素中，FDI 的资本效应作用趋于下降。1994—2017 年，全社会固定资产投资额由 1.7 万亿元增长到 64.1 万亿元，增长了 36.7 倍，在资金来源中，FDI 的占比由 17.08% 下降至 1.38%，降幅近 16 个百分点。2003 年，FDI 占全社会固定资产投资的比重首次低于 10%，达到 7.97%；2006 年，FDI 占全社会固定资产投资的比重进一步下降至 4.57%，低于 5%。这表明，一方面 FDI 在推动中国社会经济发展的过程中起到了积极作用；另一方面，伴随着经济的发展，国内资本的生血功能不断提升，中国经济发展已经度过了资本短缺的阶段，FDI 发挥资本效应的作用趋弱（见图 4 - 8）。

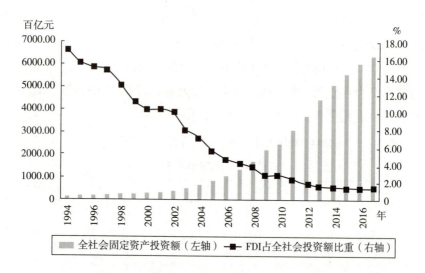

资料来源：根据历年《中国商务年鉴》整理获得。

图 4 - 8　1994—2017 年 FDI 占全社会固定资产投资比重情况

从投资模式看，FDI 在中国的经营类型主要包括合资经营、合作经营、独资经营、股份制经营和合作开发五类，五类企业中，无论是累计合同项目数量，还是累计实际利用外资金额都具有明显的差异。在总体上，进入中国的 FDI 企业中，以独资方式从事生产经营的外资企业最多，以合作开发方式从事生产经营的外资企业最少。1994—2017 年，中国引进的 FDI 中，外商独资企业的累计合同项目达到 46.5 万个，占到引进外资企业合同项目总数的 53.78%；累计实际利用外资金额为 11660.08 亿美元，占总金额的 61.48%，远远高于其他投资模式的项目数和资金额。居第二位的是合资经营企业，其累计合同项目 33.4 万个，累计实际利用外资金额为 4957.62 亿美元，分别占项目总数与利用外资总金额的比重为 38.65% 和 26.14%，比居第一位的外商独资企业分别低 15 个百分点和 35 个百分点。处于末位的是合作开发，它累计合同项目只有 259 个，累计实际利用外资金额 117.59 亿美元，占项目总数与资金总额的比重分别为 0.03 和 0.62，明显低于前面四类投资方式的比重（见表 4 - 5）。

表 4 – 5 1994—2017 年 FDI 在中国的投资模式比较

位次	投资方式	累计合同项目		累计实际利用外资	
		数量	比重（％）	金额（亿美元）	比重（％）
1	外商独资企业	46.5（万个）	53.78	11660.08	61.48
2	合资经营企业	33.4（万个）	38.65	4957.62	26.14
3	合作经营企业	6.5（万个）	7.47	1285.87	6.78
4	外商投资股份制企业	432（个）	0.05	142.24	0.75
5	合作开发	259（个）	0.03	117.59	0.62
	其他	173（个）	0.02	802.25	4.23
	总计	86.4（万个）	100	18965.64	100

资料来源：根据历年《中国商务年鉴》《中国对外经济统计年鉴》整理获得。

4.4 本章小节

本章主要回顾了中国利用 FDI 的政策演进及其呈现出的主要特征。发现 FDI 进入中国起因于对外开放，并随着国家政策的调整而发生着相应的变化，它在总体上经历了探索起步、稳步推进、快速发展、调整优化、巩固提升、重心转移和深入发展七个阶段。同时，FDI 在中国的发展过程中，无论是来源地构成、地区分布、行业分布，还是投资模式等都呈现出显著的特征。实际上，无论是发展历程，还是主要特征，它们都是 FDI 对中国引资政策变化的反映。

FDI 在中国呈现出的主要特征中，在来源地构成上，进入中国的 FDI 主要来自亚洲国家（地区），尤其是来自香港地区的外资企业，无论是合同项目数量，还是实际利用外资金额都占有相当比重，而来自欧美等发达经济体的 FDI 不仅在进入时间上相对滞后（第三阶段进入），而且其进入规模与香港地区相比，也存在明显差距；在地区分布上，FDI 在中国经历了最初在沿海的点状集聚到目前在全国网状分布的过程，并且在引资规模上，东部沿海省市占据了大部分比重，表现出明显的地区"扎堆"现象，但从其发展趋势看，当前 FDI 开始逐步从东向中、西部地区转移，集聚在沿海地区的 FDI 规模趋于下降，而中、西部地区的引资规模稳步上升；在产业分布上，FDI 表现出显著的差异性，1994—2016 年，流入工业的 FDI 比重由 82% 下降到 32%，进入农业的 FDI 规模很小，其比重在 1% ~3%；同时，随着国家经济结构与产业政策的调整，进入服务业的 FDI 正逐步提升，而进入工业的外资正经历着在调整优化中逐步下降的过程；在行业分布上，制造业和房地产业无论是合同项目数量，还是合同利用外资金额，二者吸引了超过 55% 的 FDI 份额，而进入交通运输、仓储和邮政业等行业的 FDI 很少，表现出明显的行业分布不平衡性；在占国内固定资产投资比重上，FDI 在初期作为资本要素对缓解中国资金短缺发挥了重要作用，1994 年其投资比重达到 17.08%，但随着时间推移，FDI 的这一作用逐步减弱，到 2017 年该比值下降到 1.38%；在投资模式上，超过 60%（按金额）的 FDI 选择以独资方式进入，而以股份制、合作开发等方式进入的 FDI 所占比重较少。

通过对 FDI 在中国发展历程的回顾和主要特征的总结，不难发现引资政策指引下的制度安排是造成上述结果的重要原因。中央政府通过给予地方政府在经济和政治上的双重刺激，激发了后者引进 FDI 来促进辖区经济增长及谋求政治晋升的强烈动机，表现出地方政府引资过程中的疯狂竞争。从这个意义上，有必要立足于引资竞争的视角，通过建立计量模型，进一步分析 FDI 对中国经济绩效的影响。

5 FDI 对中国经济增长的效应分析

5.1 引　言

前面第 3 章的理论分析表明,地方政府的引资竞争行为能够为辖区经济带来积极影响,在整体上促进了收益增加。那么,这其中的影响机理是什么呢?我们认为,中国的经济增长模式具有明显的"政府主导型"特征,中央政府对地方政府在经济与政治上的双重激励是导致后者展开引资竞争的直接和主要原因。自 20 世纪 80 年代开始,中央政府通过分税制改革,下放部分权限给地方政府,以提高它们发展地区经济的积极性。随着自主决策能力的提高,地方政府从经济增长中获取的收益(财政收入,隐性福利等)也明显增加,从而促进了它们去维护市场和发展经济,形成"市场维护型联邦主义"(Market – preserving Federalism)(Qian 和 Roland,1998)经济特征。然而,中央政府虽然提高了地方政府经济决策和管理权限,但在政治治理上还是实行上级垂直控制下级的管理体制,形成中央政府对地方政府"经济分权"激励与"政治集权控制"的双重治理结构。为实现政治晋升,地方官员在"以经济建设为中心"的背景下表现出强烈的"唯经济增长是重"的动机,竞相追求任期内的经济高增长,出现了以追求地区经济增长的锦标赛竞争(周黎安,2007)。为了在锦标赛竞争中胜出,地方官员都将尽可能实现政绩考核的目标函数最大化,表现出在各个方面"为增长而展开竞争"的强激励(傅勇和张晏,2007),其中之一,就是它们对于外商直接投资（FDI）的疯狂争夺。那么，在此背景下，FDI会产生怎样的经济效应？该效应在不同地区、行业、企业具有怎样的表现和差异？

在本章中，我们在第 3 章的理论分析基础上，利用中国城市、行业、企业年度面板数据，运用系统广义矩估计（SYS‐GMM）方法，从全样本、分地区、分行业、分企业所有制等四个方面就地方政府引资竞争视角下 FDI 在中国产生的经济效应进行经验分析。本章余下部分安排为：第 5.2 节是模型设定与变量度量，主要是在借鉴前人的研究成果基础上，结合本章的研究重点，建立一个关于 FDI 经济效应的计量模型，并选取相关变量的度量指标；第 5.3 节是变量处理与数据说明，主要是对有关变量的获得进行初始化处理，并对其来源进行说明；第 5.4 节是计量检验与结果分析，主要以中国各个层面的年度面板数据为基础，从全样本、分地区、分行业、分企业所有制四个方面，利用 GMM 估计方法进行计量检验和分析，并在计量检验后对面板残差进行单位根检验，从而对前文的命题 1 和命题 2 给予回答和解释。第 5.5 节为本章结语。

5.2 模型设定与变量度量

5.2.1 模型设定

本章重点研究的是 FDI 在中国产生的经济效应以及该效应在以城市为基础的全样本、以城市为基础的三大地区（东、中、西）[①]、19 个主要国民经济行业、三类不同所有制企业（国有企业、民营企业和混合企业）等四个方面的具体表现和差异。在前面章节的分析中，我们将 FDI 产生的经济效应归纳为四个方面：资本效应、技术效应、制度效应和市场效应。每

---

① 根据国发〔2000〕33 号文件，东、中、西三大地区分别是批：东部地区（北京、天津、河北、辽宁、上海、江苏、浙江、福建、山东、广东、海南）；中部地区（山西、吉林、黑龙江、安徽、江西、河南、湖北、湖南）；西部地区（内蒙古、广西、四川、重庆、贵州、云南、陕西、甘肃、清海、宁夏、新疆、西藏）。

一种效应都对中国的经济绩效具有直接影响，但同时在影响方向、程度上存在显著差异。从这一意义考虑，借鉴 Moretti（2004）、Wei 和 Liu（2006）和赵奇伟（2009）的研究思路，建立如下计量模型。

$$\varphi_{it} = \alpha + \beta_1 FDI_{j=1}^n + \beta_2 MSI_{it} + \beta_3 (MSI \times FDI_{j=1}^n)_{it}$$

$$+ \beta_4 CAPITAL_{it} + \beta_5 LABOUR_{it} + \beta_6 HUMEN_{it} + \eta_{it} + \varepsilon_{it} \quad (5-1)$$

其中，被解释变量 φ 表示经济产出；$FDI_{j=1}^n$ 表示外商直接投资（FDI）对中国经济产生的几种效应影响，这里主要包括三类：资本影响、技术影响和市场影响。同时，为了反映 FDI 对中国经济可能产生的制度影响，我们先利用桂琦寒等（2006）的研究方法，测算出中国各个层面的市场（行业）分割指数 MSI（Market Segmentation Index），然后，将市场（行业）分割指数 MSI 与资本效应、技术效应和市场效应的交互项（$MSI \times FDI_{j=1}^n$）引入模型。其意义在于：在控制住 FDI 前三类经济效应（资本效应、技术效应、市场效应）的前提下，市场分割指数与其交互的结果，将更多地反映出 FDI 对中国市场化进程的影响程度，而在中国经济体制转型时期，市场化水平直接受制于政府的制度安排（张宇，2008）。因此，市场分割指数与其他效应的交互项可以看作 FDI 对流入地的制度效应，本章遵循他人（蒋殿春和张宇，2008；赵奇伟，2009）的研究，将 FDI 的这一影响称作制度变迁效应。对于模型中的控制变量，根据 Barro 和 Lee（2001），Alfaro et al.（2003）、Fu（2008）、赵奇伟和张诚（2007a）的研究，选取金融发展程度（$CAPITAL$）、劳动力市场发展程度（$LABOUR$）和人力资本（$HUMEN$）等变量。模型中的 i、t、j 分别表示考察对象（城市、行业、企业）、时间和 FDI 对经济影响的观测个数，因此模型中的 $n = 3$，η 和 ε 分别表示样本差异的非观测效应和随机干扰项。

5.2.2　变量度量

由于本章需要从中国 210 个地市及以上城市的全样本[①]，按城市所属

　　[①]　在统计城市样本的数据时，只选取了市辖区的数据，而未将市辖县的数据纳入。这是由于中国经济无论是市场化程度、还是 FDI 的流动，以及本章模型中的其他变量，市辖区的数据与全市数据相比，可能更具有典型性。

省份的东、中、西三个地区，19 个国民经济主要行业（GB/T 4754—2002）以及 3 类不同所有制企业等四个角度分别进行检验，从而在变量指标度量上难以统一。基于此，下面我们将对各主要变量的度量进行说明。

（1）被解释变量

增长率（φ），在有关经济绩效的研究中，经济增长与经济波动是最重要的两个因素，而能够较为全面准确地反映二者对经济绩效影响的指标中，实际增长率是一个经常被使用的指标。因此，本章分别用经过价格指数调整的历年城市地区生产总值（GDP）增长率、行业总产值增长率、企业销售产值增长率来度量。同时，由于经济变量不仅受当期值影响，也受到过去值的影响，表现出滞后性，为了消除变量滞后效应对模型有效性的影响，加入增长率的一期滞后项（φ_{t-1}）进行度量。

（2）解释变量

FDI 的资本影响（$KFDI$），对于 FDI 在中国的发展，它最先以资本形式参与到国内经济活动中，为缓解内资短缺作出了重要贡献。为了更好地刻画 FDI 的资本属性，利用计算国内资本存量的方法来测算出历年各城市、行业、企业的外资存量。计算公式如下

$$KFDI_{it} = FDI_{it}/P_{it} + (1 - \delta)FDI_{it-1} \qquad (5-2)$$

其中，$KFDI$ 表示实际利用外商直接投资存量，FDI 表示实际利用外商直接投资额，P 表示固定资产投资价格指数，δ 表示折旧系数，这里参照张军、吴桂英和张吉鹏（2004）的结论，取值为 9.6%，对于初始年份的实际利用外商直接投资存量，按照当年实际利用外商直接投资额除以 10% 计算。

FDI 的技术影响（$TFDI$），作为母国先进技术的载体，FDI 流入将对投资地产生明显的技术溢出效应。为了更加真实地刻画它对中国经济的影响，借鉴 Levinsohn 和 Petrin（2003a）的研究方法，利用包括资本、劳动力和中间投入要素来估计考察对象的全要素生产率[①]（TFP, Total Factor Productivity），并将其作为 $TFDI$ 的度量指标。

FDI 的市场影响（$MFDI$），外资企业进入投资地后，其具有的运营模

[①] TFP 指标的获得过程，见变量处理小节。

式、管理制度等将通过示范效应和关联效应为内资企业模仿和学习，从而有利于国内企业生产率、竞争力的提高，有利于市场活力的激发（Bar-rilos、Gorg 和 Strlobl，2005）。然而，如果外资企业与内资企业在市场上的竞争差距过大，外资企业可能利用自身优势，对东道国市场形成挤占，对内资企业产生挤出，使得内资企业在原先的成本水平上不能实行规模化生产，最终产生需求转移，表现出外资企业的市场攫取效应（Market Stealing Effect）（Aitken 和 Harrison，1999）。为了刻画 FDI 对中国经济的这一影响，使用外资企业年销售产值占地区、行业销售总额的比重来分别度量分地区、分行业的 FDI 市场影响力（亓朋、许和连和艾洪山，2008），由于该指标难以在企业层面获得，借鉴联合国贸易发展会议（UNCTAD，2013）的方法，先分别计算出某类企业当年实际利用外商直接投资金额与该类企业当年销售产值的比值，所有企业当年实际利用外商直接投资金额与所有企业该年销售总产值的比值，然后再将两比值相除，得到最终指标[①]。

市场分割指数（*MSI*）[②]，为了刻画中国经济体制转型时期的市场特征，以及引资竞争背景下 FDI 对中国市场化进程的影响，本章按照桂琦寒等（2006）的做法，从劳动力市场的角度，基于职工平均实际工资指数测算出中国各个层面的市场（行业）分割指数，并将该指数与前其他三类影响的交互项引入模型来解释 FDI 对中国经济产生的制度影响。

（3）控制变量

金融发展程度（*CAPITAL*），Alfaro et al. （2003）研究发现，较低的金融发展水平会抑制内资企业扩大生产的积极性，其模仿和学习能力不足，难以充分吸收 FDI 产生的正向溢出效应。后来这一结论为王永齐（2006）、赵奇伟和张诚（2007a）等人所支持，他们用银行贷款额与 GDP 的比值来度量地区的金融发展水平，发现该指标与 FDI 溢出效应显著呈正

---

① 在本章的企业所有制分类中，我们将其划分成国有企业、民营企业和混合企业。因此，该指标的计算公式可以表示如下（以国有企业为例）：先分别计算出"国有企业当年实际利用 FDI 金额/国有企业当年销售产值"与"所有企业当年实际利用 FDI 金额/所有企业当年销售总产值"的比值，然后用前值/后值得到。

② 对于市场分割指数的测算过程，将在变量处理小节详细说明。

相关。因此，本章分别用各城市年末金融机构贷款余额与当年城市 GDP 的比值，各行业从金融机构获得贷款额与行业总产值的比值，各类企业从金融机构获得贷款额与该类企业当年销售产值的比值来度量，然而我们没有找到各行业及各类企业从金融机构获得的贷款额。基于此，假定它们获得的贷款额全部用于固定资产投资，即各行业及各类企业从金融机构获得的贷款额与其当年固定资产投资额成正比（赵奇伟，2009），这样在行业及企业层面的金融发展程度用它们当年固定资产投资额与销售总产值的比值表示。

劳动力市场发展程度（*LABOUR*），根据 Kojrma（1978）等人的研究，认为劳动力市场的发育程度会影响就业人群的技能水平、就业意识，进而影响企业生产率与成本。因此，用各城市就业人数占该城市 15~64 岁人口总数比重，各行业就业人数占行业就业总人数比重，各类企业在岗职工人数占企业在岗职工总人数比重来分别度量三个层面的劳动力市场发展水平。

人力资本水平（*HUMEN*），根据 Keller 和 Wolf（1996）的研究，他们认为人力资本水平的提高能够促进要素禀赋结构的升级，提高内资企业的模仿和学习能力，从而增加内资企业吸收 FDI 溢出效应的能力。后来，Fu（2008）进一步指出，人力资本水平的提升不仅有利于内资企业有效吸收外资企业的先进技术，而且 FDI 溢出产生的扩散效应和规模经济将延长国际产业分工链条在中国的环节，促进国内企业向价值链高端环节发展。基于此，本章采用如下方法来度量各城市、行业及企业的人力资本水平。首先使用下列公式计算出各城市、行业及企业就业人口的人力资本存量

人力资本存量 = 小学教育程度人数 × 6 + 初中教育程度人数 × 9 +

高中教育程度人数 × 12 + 大专以上教育程度人数 × 16

$$(5-3)$$

其中，6、9、12 和 16 分别表示小学、初中、高中和大专及以上的教育年限，然后用人力资本存量除以城市、行业的就业人口总数；对于企业，就业人口指的是在岗职工人数，因此企业最终的人力资本水平是各类企业人

力资本存量与其在岗职工人数的比值。各主要变量的相关信息见表 5 – 1。

表 5 – 1　　　　　　　　　　主要变量的定义和符号

变量		定义	符号
被解释变量	增长率	城市：地区生产总值（GDP）增长率；行业：总产值增长率；企业：销售产值增长率	φ
解释变量	资本影响	利用公式（5 – 2）估计	KFDI
	技术影响	借鉴 Levinsohn 和 Petrin（2003）的方法估计	TFDI
	市场影响	城市：外资企业销售产值/城市销售总产值；行业：外资企业销售产值/行业销售总产值；企业：借鉴（UNCTAD，2011）的方法估计	MFDI
	市场分割指数	借鉴桂琦寒等（2006）的方法估计	MSI
控制变量	金融发展程度	城市：年末金融机构贷款余额/当年城市 GDP；行业：从金融机构获得贷款额/行业总产值；企业：从金融机构获得贷款额/企业当年销售产值	CAPITAL
	劳动力市场发展程度	城市：就业人数/城市 15 ~ 64 岁人口总数；行业：某行业就业人数/所有行业就业总人数；企业：某类企业在岗职工人数/所有类型企业在岗职工总人数	LABOUR
	人力资本水平	先利用公式（5 – 3）估计，然后分别与城市、行业的就业人口总数，与企业在岗职工人数求值	HUMEN

5.3　变量处理与数据说明

5.3.1　变量处理

（1）技术效应

作为先进技术由母国向东道国扩散的重要载体，FDI 的技术溢出效应对东道国企业生产率提升及推动经济内生性增长发挥了不可替代的作用。有关 FDI 对东道国技术溢出的测度，以往研究大多在柯布—道格拉斯生产函数（Cobb – Douglas Production Function）基础上利用索洛残差法（Solow Residual）进行估计。然而，该方法在估计投入要素弹性时出现的残差可能会与函数估计时的整体残差重叠，从而影响参数的准确性。为了纠正估计中存在的偏误，Olley 和 Pakes（1996）最先提出了半参数估计法，后来，随着 Levinsohn 和 Petrin（2003）对其进一步完善以及 Blalock 和 Gertler（2009）对其应用范围的拓展，该估计方法已经被学界广泛使用。

在 Levinsohn 和 Petrin（2003）的估计中，他们将中间投入看作是不可观测的企业生产率的代理变量，生产函数表达式如下

$$Y_{it} = \alpha_0 + \alpha_l L_{it} + \alpha_k K_{it} + \alpha_m M_{it} + \theta_{it} + \omega_{it} \qquad (5-4)$$

其中，Y、L、K、M 分别代表产出、劳动力、资本和中间投入要素，θ 表示不可观测的生产率冲击，它影响企业的投入决策，ω 为随机干扰项。Levinsohn 和 Petrin（2003）假定中间投入 M 是资本 K 和生产率冲击 θ 的函数，即 $M_{it} = M(K_{it}, \theta_{it})$，企业投入与生产率冲击呈单调递增关系，于是，可以得到投入函数的反函数 $\theta_{it} = \theta_{it}(K_{it}, M_{it})$。因此，公式（5-4）可以转化为

$$Y_{it} = \alpha_l L_{it} + \chi_{it}(K_{it}, M_{it}) + \omega_{it} \qquad (5-5)$$

其中，$\chi_{it}(K_{it}, M_{it}) = \alpha_0 + \alpha_k K_{it} + \alpha_m M_{it} + \theta_{it}(K_{it}, M_{it})$

在此基础上，对公式（5-4）取条件期望 $E[Y_{it} | K_{it}, M_{it}]$，再相减得到

$$Y_{it} - E[Y_{it} | K_{it}, M_{it}] = \alpha_l (L_{it} - E[L_{it} | K_{it}, M_{it}]) + \omega_{it} \qquad (5-6)$$

利用公式（5-6）可以得到参数 α_l 的一致性估计，同理，经过相同的处理过程，可以得到参数 α_k 和 α_m 的一致性估计。最后，运用 Petrin、Poi 和 Levinsohn（2004）的校正方法，得到考察对象的全要素生产率（TFP）。

$$TFP_{it} = Y_{it} - \alpha_l L_{it} - \alpha_k K_{it} - \alpha_m M_{it} \qquad (5-7)$$

因此，本章在对 FDI 技术效应的度量上，即使用该方法进行估计，估计过程中的产出分别是城市 GDP，行业和企业的销售产值；劳动力分别是城市和行业的就业人口数，企业的在岗职工人数，资本是国内资本存量和 FDI 资本存量的加总。

（2）市场（行业）分割指数

中央政府在实施对外开放引进 FDI 的同时，对地方政府实施"经济分权"和"政治晋升"的双重激励。后者为了在锦标赛竞争中胜出，表现出明显的"企业家精神"，竞相追逐辖区利益的最大化，形成了地方保护主义（银温泉和才婉茹，2001），从而导致了地方政府自利行为下的市场分割，区域经济呈现出"诸侯经济"特征（沈立人和戴园晨，1990）。FDI 作为地方政府重点争夺的目标，它具有较大的自由流动性和议价优势，进入中国后，其内含的母国制度属性可能将对投资地政府产生制度变迁效应。基于此，将市场分割与 FDI 对经济的三类影响交互起来引入模型，以此考察地方政府引资竞争背景下 FDI 的制度变迁效应。

对于市场分割程度的测算方法[①]，主要包括产出结构分析法、贸易流量分析法、技术效率分析法和价格分析法。综合比较发现价格分析法更具优势。因此，借鉴桂琦寒等（2006）的研究思路[②]，基于劳动力市场中职工平均实际工资指数，测算出商品（劳动力）的相对价格方差来动态反映城市、行业及各类企业间的市场（行业）分割程度，职工工资收入指数分别由国有单位职工工资、城镇集体单位职工工资和其他单位职工工资组成。相关步骤如下：

首先，选取三维数据（$t \times i \times k$）并设定相对价格形式。$t \times i \times k$ 中，t、i、k 分别代表时间、城市（行业、企业）和商品（劳动力）。对于相对价格的形式，常用的表示方式包括商品（劳动力）的价格比（P_{it}^k / P_{jt}^k），商品（劳动力）价格比的自然对数 [$\ln(P_{it}^k / P_{jt}^k)$] 和商品（劳动力）价

---

① 实际上，本章试图利用樊纲等（2003）研究方法进行测算。但最后发现，该方法主要关注地区间的市场化程度，其指标体系无论在数据选取，还是应用范围上只能进行地区层面的分析，而难以应用到行业与企业层面上。因此，最终没有按此进行。

② 桂琦寒等（2006）首先利用商品零售价格指数测算了商品市场的相对价格方差。后来，赵奇伟（2009）对该方法的应用范围进行了拓展。他分别使用居民消费价格指数、固定资产投资价格指数和职工平均实际工资指数测算了消费品市场、资本品市场和劳动力市场的相对价格方差，然后通过加权处理得到综合的市场分割指数。本章也试图按照赵奇伟的方法，先测算出多个市场的分割指数，再计算出更为真实的综合性分割指数，但受数据可得性影响，最终只能选择从劳动力市场进行测算。

格比的一阶差分，即

$$\Delta P_{ijt}^k = \ln(P_{it}^k/P_{jt}^k) - \ln(P_{it-1}^k/P_{jt-1}^k) \qquad (5-8)$$

赵奇伟（2009）研究认为，上述三种反映商品（劳动力）相对价格的形式中，一阶差分更能反映商品（劳动力）的动态变化，本章也使用该形式测算。在测算过程中，为了保证方差（$\mathrm{var}(\Delta P_{ijt}^k)$）的准确性，需要消除非市场（行业）分割因素造成的价格差异。因此，设定下列表达式

$$|\Delta P_{ijt}^k| = \psi^k + \zeta_{ijt}^k \qquad (5-9)$$

其中，ψ^k 表示商品（劳动力）自身属性造成的价格差异，ζ_{ijt}^k 表示市场分割和其他随机因素造成的价格差异。显然，如果不消除 ψ^k，则会带来 $\mathrm{var}(\Delta P_{ijt}^k)$ 的高估，为了消除 ψ^k，我们控制住时间 t 和商品（劳动力）k，对城市、行业和企业的相对价格求均值 $\overline{|\Delta P_t^k|}$，然后用任一相对价格与该均值求差，得到

$$p_{ijt}^k = |\Delta P_{ijt}^k| - \overline{|\Delta P_t^k|} \qquad (5-10)$$

这样，利用公式（5-10）得到的相对价格（p_{ijt}^k）主要反映了市场（行业）分割及其他随机干扰因素产生的价格差异，其方差（$\mathrm{var}(p_{ijt}^k)$）综合了不同商品（劳动力）的价格信息，从而可以较为准确地度量劳动力市场的分割程度。

5.3.2　数据说明

本章分别选取中国 210 个地市及以上城市 1994—2015 年数据，19 个一位码分类行业 2003—2015 年数据，1368 家中国制造业 2003—2015 年数据进行经验研究。行业分类遵循《国民经济行业分类与代码》（GB/T4754—2002）的分类标准，数据来源主要包括：《中国统计年鉴》《中国城市统计年鉴》《中国商务年鉴》《中国对外经济统计年鉴》《中国贸易外经济统计外鉴》《中国劳动统计年鉴》《中国人口和就业统计年鉴》《中国工业经济统计年鉴》《中国金融统计年鉴》《中国固定资产投资统计年鉴》《中国城市（镇）生活与价格年鉴》《中国财政年鉴》以及中国工业企业数据库、中国经济与社会发展统计数据库和 Wind 数据库等。

为了消除价格、汇率因素等对变量造成的影响，这里对以货币计量的变量做了如下处理：FDI 先用历年美元对人民币平均汇率折算为人民币计量价值，然后利用城市居民消费价格指数调整；城市生产总值（GDP）、银行贷款额用城市居民消费价格指数调整；固定资产投资额用其自身价格指数调整；行业总产值用全国居民消费价格指数与工业品出厂价格指数加总的平均值调整；销售产值用全国居民消费价格指数调整。分地区（城市）的基期为 1994 年，分行业和企业的基期为 2003 年。对于个别缺失数据的，采用插值法补齐。除此之外，模型中以绝对数表示的变量（KFDI，单位：百万元人民币），对其取自然对数进行处理。模型中主要变量的统计性描述见表 5 - 2。

表 5 - 2　　　　　　　　　主要变量的统计性描述

变量符号	样本数	均值	标准差	最小值	最大值
φ	城市：4620	城市：0.112	城市：0.125	城市：0.045	城市：0.198
	行业：247	行业：0.131	行业：0.174	行业：0.043	行业：0.247
	企业：17784	企业：0.224	企业：0.510	企业：0.212	企业：0.428
KFDI	城市：4620	城市：179.124	城市：46.051	城市：73.847	城市：293.106
	行业：247	行业：61.406	行业：27.754	行业：6.219	行业：214.164
	企业：17715	企业：10.127	企业：7.692	企业：-2.247	企业：45.028
TFDI	城市：4620	城市：1.295	城市：0.337	城市：-0.460	城市：5.884
	行业：247	行业：1.715	行业：0.745	行业：-0.983	行业：7.108
	企业：17749	企业：1.798	企业：0.452	企业：-1.781	企业：9.216
MFDI	城市：4620	城市：0.084	城市：0.221	城市：0.023	城市：0.272
	行业：247	行业：0.210	行业：0.363	行业：0.003	行业：0.419
	企业：17737	企业：0.023	企业：0.105	企业：0.005	企业：0.154
MSI	城市：4620	城市：0.029	城市：0.080	城市：0.011	城市：0.116
	行业：247	行业：0.067	行业：0.125	行业：0.003	行业：0.256
	企业：17751	企业：1.496	企业：0.932	企业：0.814	企业：3.758
CAPITAL	城市：4620	城市：0.039	城市：0.174	城市：0.007	城市：0.156
	行业：247	行业：0.088	行业：1.264	行业：0.022	行业：0.371
	企业：17769	企业：0.135	企业：2.891	企业：0.004	企业：0.520

变量符号	样本数	均值	标准差	最小值	最大值
LABOUR	城市：4620 行业：247 企业：17784	城市：0.598 行业：0.223 企业：0.271	城市：0.318 行业：0.758 企业：0.404	城市：0.549 行业：0.004 企业：0.139	城市：0.823 行业：0.341 企业：0.372
HUMEN	城市：4620 行业：247 企业：137784	城市：8.027 行业：8.950 企业：8.087	城市：3.395 行业：6.715 企业：8.923	城市：6.204 行业：7.692 企业：8.203	城市：12.854 行业：16.059 企业：16.392

5.4　计量检验与结果分析

对于动态面板数据，常用的最小二乘法（OLS）会因有偏性而使回归结果无效，因此检验时的可行方法是对估计方程进行一阶差分处理，以消除经济主体间随时间变化产生的不可观测效应，虽然基于面板数据的固定效应和随机效应能够解决上述问题，但它们不能解决模型中存在的变量内生性和异方差问题。基于此，Arellanl 和 Bond（1991）、Blundell 和 Bond（1998）等人提出了系统广义矩估计方法（SYS – GMM）来解决上述问题。该方法利用初始方程和其一阶差分方程组成方程系统，并使用各变量及其滞后项作为初始方程的工具变量进行估计，从而明显降低了样本有限产生的偏误，有效提高了估计精度。基于此，我们使用该方法进行检验，在检验的过程中，我们将三种效应指标给予了分别检验，并将三类效应指标与市场（行业）分割指数的交互项引入模型来分析它们对中国制度效应产生的影响。同时，在使用系统广义矩估计（SYS – GMM）之后，为了保证结果的稳健性，我们利用 PP、IPS 和 LLC 三类方法对估计结果的残差进行了检验，结果并列在相应表中，检验结果分列如下。

5.4.1　全样本检验

首先，我们利用中国 210 个地市及以上城市 1994—2015 年面板数据进行检验，结果见表 5 - 3。从回归结果来看，市场分割指数（ *MSI* ）的符号为负，系数值在 0. 241 ~ 1. 189，并且大多数都显著。这说明随着改革开放的深入，中国经济的市场化程度得到了强化，整体上的市场分割状况得到了改善，地区市场正朝着全国统一市场方向发展，在此进程中区域资源得到了有效整合，市场配置资源的能力不断加强，从而对中国国民经济产生了显著的促进作用。

表 5 - 3 中，我们将三类反映 FDI 经济效应的指标分别纳入模型进行了检验，并在此基础上将它们与市场分割指数的交互项引入模型来反映 FDI 流入对中国制度可能产生的影响。从结果看，样本期内，FDI 对中国经济保持持续快速增长具有显著的积极作用，二者呈正相关关系，形成了明显的资本效应（ *KFDI* ）；对于 FDI 对中国经济的技术效应（ *TFDI* ），其系数显著为正，表明 FDI 流入的确对中国国民经济产生了推动作用，国内企业通过模仿和学习，不断提高自身的技术水平和对 FDI 溢出效应的吸收能力，在整体上促进了中国经济的内生性增长；对于 FDI 对中国经济产生的市场效应（ *MFDI* ），其符号为负，表现出外资产品对中国市场产生了负向影响。这说明样本期内，随着外资企业产品在国内市场份额的不断增加，可能对国内企业产生了市场挤出，即 FDI 对中国经济的市场攫取效应（Market Stealing Effect）（ Aitken 和 Harrison，1999；Barro、Corg 和 Strobl，2005）在一定程度上存在，虽然该值没有通过显著性检验，但这种发展趋势应当引起我们的重视。当我们将三类经济效应与市场分割指数的交互项引入模型后［模型（2）（4）（6）］，结果发现三类经济效应（资本效应 *KFDI* 、技术效应 *TFDI* 、市场效应 *MFDI* ）的符号并没有发生变化，但显著性得到了明显的提升。从而我们认为，FDI 进入后，它对中国经济产生积极溢出效应（资本效应、技术效应）的同时，其对国内市场越来越强的控制力造成了外资企业产品对内资企业产品的挤占甚至挤出，对市场结构和秩序产生了不良影响。这种影响一方面强化了外资企业的市场优势，另一方面弱化了内资企业的市场竞争力，加剧了两者的竞争差距，出现了市场中内外资企业竞争的失衡，直接影响了中国国民经济的稳定和健康

发展。

正如前文所述，本章利用三类 FDI 经济效应与中国市场（行业）分割指数的交互项来反映二者相互作用后对中国经济可能产生的制度影响。当我们控制了单一效应后，交互项的结果反映了 FDI 流入对中国原有市场分割状态的冲击，我们将其称作 FDI 对中国经济产生的制度变迁效应。从表 5－3 的结果来看，资本效应、技术效应与市场分割指数的交互项（ $KFDI \times MSI$ 、 $TFDI \times MSI$ 、 $MFDI \times MSI$ ）的符号都显著为负，表明在市场分割程度趋于弱化的情况下，FDI 流入对中国国民经济产生了显著的促进作用，FDI 内含的资本、技术因子强化了中国的市场化力量，推动了中国经济的市场化发展。同时，我们认为，虽然上述交互项的结果是多因素共同作用的反映，但在激烈的引资竞争背景下，不对等的议价地位迫使地方政府更多地表现出对外资企业的"依从"，因此 FDI 具有的母国制度属性将对地方政府产生"潜移默化"的影响，或者对其行政理念、模式产生直接冲击，在长期中将促进地方政府行政效率、公共服务水平的提高，推动其从"全能型政府"向"服务型政府"转变，产生了 FDI 对中国经济的制度变迁效应。

同时，我们也发现，市场分割程度下降背景下 FDI 流入进一步强化了外资企业的市场地位，增加了它们对中国市场的控制力。虽然这也可以看作是外资企业对国内商品市场产生的正向作用，因为它们能够带给消费者更多、更好、更便宜的商品，但外资企业过于强大的市场力量势必将对中国市场结构和秩序产生不利影响。其中之一就是外资企业可能利用自身优势对内资产品产生挤占甚至挤出，形成外企产品对中国市场的垄断，这既不利于中国市场经济的稳定和健康发展，在长期也可能对国民经济产生发展方向上的"约束"。因此，我们必须对该现象给予关注，既要重视 FDI 溢出对内资企业产生的积极效应，也要规范、平衡内外资企业在市场竞争中的行为和力量，保证市场结构的合理性与市场秩序的稳定性，从而促进内外资企业在中国的协调发展。

表 5 - 3   全样本检验

	(1)	(2)	(3)	(4)	(5)	(6)
常数项	- 1.714 *	- 1.208 **	0.641 ***	1.084 **	- 0.173	- 0.362 **
	(- 1.89)	(- 2.57)	(3.57)	(2.41)	(- 1.40)	(- 2.48)
φ_{t-1}	0.021 ***	0.038 ***	0.017 ***	0.028 ***	0.033 ***	0.040 ***
	(3.74)	(3.36)	(3.14)	(3.91)	(4.02)	(3.25)
$ALL(\Omega)$	- 0.411	- 0.241 **	- 1.189 **	- 0.714 ***	- 0.551 ***	- 0.301
	(- 1.01)	(- 2.23)	(- 2.08)	(- 3.74)	(- 3.23)	(- 0.84)
$KFDI$	0.160 *	0.162 **				
	(1.77)	(2.43)				
$KFDI \times ALL(\Omega)$		- 0.033 **				
		(- 2.52)				
$TFDI$			2.118 **	1.207 **		
			(2.59)	(2.05)		
$TFDI \times ALL(\Omega)$				- 0.313 *		
				(- 1.89)		
$MFDI$					- 0.594	- 0.173 **
					(- 0.75)	(- 2.27)
$MFDI \times ALL(\Omega)$						- 0.083 **
						(- 2.42)
$CAPITAL$	0.351 **	0.294 ***	1.041	0.601 **	0.548 **	0.471 ***
	(2.40)	(3.06)	(1.22)	(2.23)	(2.59)	(3.76)
$LABOUR$	0.514 *	0.291	0.417 *	0.160	0.487 *	0.144
	(1.97)	(0.84)	(1.86)	(1.51)	(1.91)	(0.87)
$HUMEN$	0.177 *	0.109 *	0.229 **	0.181 **	0.492 *	0.418 **
	(1.83)	(2.01)	(2.40)	(2.48)	(1.93)	(2.42)
$Sargan$ 统计量	1.208	1.119	0.973	1.058	1.329	1.187
	(0.32)	(0.31)	(0.25)	(0.51)	(0.41)	(0.32)
$Adj - R^2$	0.220	0.254	0.219	0.289	0.317	0.293

		（1）	（2）	（3）	（4）	（5）	（6）
单位根检验	PP	94. 194 ***	90. 561 ***	87. 823 ***	82. 752 ***	92. 016 ***	89. 657 ***
		（0. 00）	（0. 00）	（0. 00）	（0. 00）	（0. 00）	（0. 00）
	IPS	− 12. 746 ***	− 11. 972 ***	5. 053	− 9. 474 ***	− 9. 182 ***	− 11. 352 ***
		（0. 00）	（0. 00）	（1. 00）	（0. 00）	（0. 00）	（0. 00）
	LLC	− 58. 767 ***	− 51. 653 ***	− 54. 329 ***	− 46. 454 ***	3. 197	− 50. 713 ***
		（0. 00）	（0. 00）	（0. 00）	（0. 00）	（0. 88）	（0. 00）

注：a. 表中小括号内为 t 值，*Sargan* 统计量和单位根统计量小括号内的值为 p 值。b. *、
* *、* * *分别表示在10%、5%和1%水平上的显著性。

5.4.2　分地区检验

20 世纪 80 年代中期，中央政府提出"允许一部分地区和一部分人先富起来"的区域差异化发展战略，沿海地区因受惠于地理条件、经济基础以及国家政策倾斜等，最先得到了发展。FDI 进入后，其大部分都流向了广东、福建等沿海省份，而流向中西部内陆地区的外资数量很少。研究认为，FDI 在沿海地区的"扎堆"与在全国范围内的不均衡分布对中国区域经济发展产生了直接而深远的影响，它是造成中国区域经济不均衡发展的重要原因（魏后凯，2002；武剑，2002）。后来，随着对外开放的深入，多个区域经济发展战略（西部大开发、中部崛起、振兴东北老工业基地）的实施以及国家引资政策的调整，FDI 开始由东向中西部地区转移。目前，其分布格局已经由最初的沿海点状集聚发展成全国网状式分布。那么，引资背景下 FDI 的区际分布与流动，对中国区域经济产生了怎样的效应，这些效应在地区间存在怎样的差异？基于此，我们将中国 210 个地市及以上城市按照其所在的省市区划分为东、中、西三个地区进行检验，结果见表5 −4 至表5 −6。

表 5 - 4 　　　　　　　　分地区检验（东部地区）

	（1）	（2）	（3）	（4）	（5）	（6）
常数项	-1.581	-1.231^{**}	1.340^{**}	-0.917^{**}	-1.573	-1.125^{**}
	(-1.01)	(-2.36)	(2.39)	(-2.45)	(-1.26)	(-2.40)
φ_{t-1}	0.023^{**}	0.021^{**}	0.039	0.033^{**}	0.037^{**}	0.022^{**}
	(2.52)	(2.60)	(1.30)	(2.33)	(2.41)	(2.90)
$ALL(\Omega)$	-1.069^{***}	-0.748^{**}	-0.707^{***}	-0.314^{**}	-1.203^{*}	-0.751^{**}
	(-3.13)	(-2.42)	(-3.84)	(-2.73)	(1.88)	(-2.22)
$KFDI$	0.207	0.185^{**}				
	(1.41)	(2.63)				
$KFDI \times ALL(\Omega)$		-0.329^{***}				
		(-3.51)				
$TFDI$			1.452^{**}	0.755^{**}		
			(2.20)	(2.51)		
$TFDI \times ALL(\Omega)$				-0.607^{***}		
				(-3.94)		
$MFDI$					-1.774^{**}	-0.762
					(-2.27)	(-0.97)
$MFDI \times ALL(\Omega)$						-0.325^{**}
						(-2.77)
$CAPITAL$	2.153^{***}	1.481^{**}	0.714^{**}	0.498^{**}	1.219^{**}	0.748
	(3.58)	(2.41)	(2.29)	(2.72)	(2.40)	(1.36)
$LABOUR$	1.101	0.751^{**}	0.903^{**}	0.447	0.701^{**}	0.509^{***}
	(1.22)	(2.23)	(2.20)	(1.33)	(2.60)	(3.74)
$HUMEN$	0.544^{**}	0.270^{***}	1.017^{**}	0.704^{***}	0.375^{**}	0.222
	(2.38)	(3.16)	(2.81)	(3.11)	(2.19)	(1.32)
$Sargan$ 统计量	1.328	1.384	1.170	1.433	1.397	1.378
	(0.31)	(0.36)	(0.30)	(0.32)	(0.38)	(0.35)
$Adj - R^2$	0.43	0.39	0.44	0.46	0.41	0.42

续表

		(1)	(2)	(3)	(4)	(5)	(6)
单位根检验	PP	44.125 ***	-8.258	39.859 ***	42.427 ***	38.196 ***	36.058 ***
		(0.00)	(0.85)	(0.00)	(0.00)	(0.00)	(0.00)
	IPS	-6.217 **	-11.145 ***	-10.015	-11.231 ***	-9.977 ***	-11.139 ***
		(0.06)	(0.00)	(0.00)	(0.00)	(0.00)	(0.00)
	LLC	-31.946 ***	-32.043 ***	-20.167 ***	-25.204 ***	-23.432 ***	-21.256 ***
		(0.00)	(0.00)	(0.00)	(0.00)	(0.00)	(0.00)

注：a. 表中小括号内为 t 值，Sargan 统计量和单位根统计量小括号内的值为 p 值。b. *、**、***分别表示在10%、5%和1%水平上的显著性。

从表 5 - 4 的结果看，模型（1）至模型（6）的市场分割指数（MSI）都显著为负，表明与全样本相比，区域划分后的东部地区，其市场化发展进程更加迅速，市场配置资源的力量更强，不断弱化的市场分割水平有效地促进了东部地区的经济发展，优化和提升了引资环境和能力，进一步提高了该地区经济发展潜力和竞争力。

从 FDI 对东部地区的三类经济效应（资本效应 KFDI、技术效应 TFDI、市场效应 MFDI）指标看，它们的符号与全样本几乎保持一致，说明 FDI 在全样本中表现出的经济效应在东部沿海省市依旧存在，并且对东部区域经济的影响方向与全国类似。作为中国对外开放的前沿和 FDI 最先流入的区域，东部沿海诸省市利用自身优越的资源禀赋优势吸引了大量的外商直接投资。FDI 进入后，它们一方面缓解了该地区政府发展辖区经济的资本压力，促进了当地企业技术水平的提升，在一定程度上激发了市场活力；另一方面，随着外资企业力量的不断增强，外资商品对该地区市场也产生了明显的攫取效应，表现出外资商品占领的市场份额日益增大，对内资商品产生了明显的挤占甚至挤出效应。这可能导致内外资商品在市场竞争中的失衡，出现外资商品对地区市场的"寡占"，从而对东部地区市场的长期稳定构成潜在威胁。

从表 5 - 4 三个交互项（KFDI × MSI、TFDI × MSI、MFDI × MSI）的符号看，它们与全样本保持一致，只是显著性发生了一些变化。对此，我们认为 FDI 对东部地区的制度变迁效应可以看作是全样本的发展方向。作为中国最早引入外资的区域之一，东部沿海省份吸进了大量外资企业来此投资，在长期的引资过程中，外资企业内含的母国制度属性必将对该区域地方政府产生"潜移默化"的影响。同时，虽然 FDI 在该区域出现了"扎堆"，但"经济分权"与"政治晋升"双重激励下的地方政府依然存在强烈的引资竞争压力。为了在引资争夺中胜出，地方政府必然会重视外商在制度安排上的诉求，存在主动或自觉提高辖区行政效率和公共服务水平的可能。换言之，东部省市地方政府在与外商的长期博弈过程中，外资企业具有的母国法律、产权、公共服务等制度因子将向该区域溢出，地方政府在"潜移默化"和"主动适应"的过程中将提高和优化本辖区的制度环境，表现出明显的 FDI 对地方政府的制度变迁效应。

但同样需要引起注意的是，即便在市场分割程度下降的情况下，流入东部地区的 FDI 也出现了外资商品对内资商品存在挤占甚至挤出的现象，外资进入带来的市场攫取效应在该地区同样存在。虽然它可能有利于消费者福利的提高，但长期也可能对地区市场稳定构成潜在威胁，形成外资商品对区域市场的"寡占"，最终影响到地区经济的持续稳定发展。

表 5 - 5　　　　　　　　　　分地区检验（中部地区）

	（1）	（2）	（3）	（4）	（5）	（6）
常数项	- 0. 906 **	0. 701	- 0. 783 **	- 0. 731 ***	- 1. 047 **	- 0. 678 **
	（ - 2. 44）	（1. 15）	（ - 2. 44）	（ - 3. 11）	（ - 2. 21）	（ - 2. 50）
φ_{t-1}	0. 017 **	0. 025 **	0. 028 **	0. 022 **	0. 034 ***	0. 026 ***
	（2. 33）	（2. 77）	（2. 15）	（2. 34）	（3. 34）	（3. 67）
$ALL(\Omega)$	0. 120	- 0. 203 **	0. 305 *	0. 210	- 0. 423 **	- 0. 142 **
	（0. 67）	（ - 2. 14）	（1. 89）	（0. 87）	（ - 2. 40）	（ - 2. 21）
$KFDI$	1. 682 ***	1. 318 ***				
	（3. 45）	（3. 25）				
$KFDI \times ALL(\Omega)$		- 0. 709				
		（ - 1. 21）				
$TFDI$			1. 576 **	1. 092 **		
			（2. 51）	（2. 32）		

续表

		（1）	（2）	（3）	（4）	（5）	（6）
TFDI × ALL(Ω)					0. 340 (1. 23)		
MFDI						1. 271 (1. 45)	− 0. 682 * （− 1. 88）
MFDI × ALL(Ω)							− 0. 420 （− 1. 35）
CAPITAL		1. 343 ** (2. 44)	1. 208 * (1. 87)	0. 467 *** (3. 46)	0. 308 ** (2. 89)	0. 722 ** (2. 30)	0. 302 *** (3. 35)
LABOUR		1. 035 (0. 99)	0. 679 (1. 36)	1. 028 (0. 71)	0. 732 ** (2. 40)	1. 293 *** (3. 17)	1. 043 *** (3. 08)
HUMEN		2. 321 ** (2. 52)	1. 432 *** (3. 19)	1. 566 *** (3. 51)	1. 019 *** (3. 27)	1. 214 (0. 93)	0. 870 ** (2. 30)
Sargan 统计量		1. 287 (0. 31)	1. 231 (0. 33)	1. 349 (0. 34)	1. 392 (0. 33)	1. 340 (0. 31)	1. 272 (0. 31)
Adj − R²		0. 44	0. 40	0. 42	0. 45	0. 37	0. 41
单位根 检验	PP	36. 725 *** (0. 00)	45. 972 *** (0. 00)	11. 029 * (0. 06)	19. 137 * (0. 06)	31. 758 *** (0. 00)	34. 671 *** (0. 00)
	IPS	− 12. 084 *** (0. 00)	− 9. 133 * (0. 08)	15. 731 *** (0. 00)	− 20. 139 *** (0. 00)	− 18. 485 *** (0. 00)	− 17. 958 *** (0. 00)
	LLC	− 26. 716 *** (0. 00)	− 35. 124 *** (0. 00)	− 33. 457 *** (0. 00)	− 37. 707 *** (0. 00)	− 28. 452 *** (0. 00)	− 31. 102 *** (0. 00)

注：a. 表中小括号内为 t 值，Sargan 统计量和单位根统计量小括号内的值为 p 值。b. *、
、*分别表示在10%、5%和1%水平上的显著性。

从表5 – 5 的结果看，与全样本、东部地区相比，主要变量的符号及显著性在中部地区发生了明显变化，体现出区域差异所致的市场分割和 FDI 经济效应的不同。具体来看，模型（1）—模型（6）的市场分割指数（MSI）符号不再一致，特别是对 FDI 技术效应的检验，其表现出市场分割程度与区域经济增长正相关的反常结论。通过对有关可能原因的分析，我们认为，相比于东部地区，中部地区的市场发育程度还处于较低水平，

地方政府对市场还存在较多的不合理干预，社会经济中还存在明显的"条块经济"现象。同时，受本地技术水平和政策在"中部塌陷"的影响，锦标赛竞争下的地方政府可能出于表面政绩和短期目标的考虑，对市场采取了漠视甚至抵制态度，转而利用政府之手通过市场分割来达成目标。因此，上述反常结论并不能用来支持市场分割能够促进经济增长，相反，该结果进一步反映了政府的不合理干预引致了市场化进程的退步，它是人为干预下市场分割对区域经济增长的扭曲反映。

表 5 – 5 中，除市场效应（ *MFDI* ）的符号发生变化外，其他两类效应的符号与东部地区一致。这表明 FDI 流入对中部省份产生了积极的资本效应和技术溢出效应，对当地经济实现内生性增长作出了重要贡献。与东部地区不同的是，FDI 流入中部地区产生的市场效应对区域经济产生了积极作用。同理，我们认为该结论并不能成为让外资失去约束而肆意占据国内市场的支持性证据，而形成该结论的原因可能是模型（5）没有对其他效应进行控制造成的，当我们加入它与市场分割指数的交互项（ *MFDI* × *MSI* ）后，发现结果显著为负，说明我们的推断可靠，也进一步证实了 FDI 在对投资地产生正向效应（资本效应、技术效应）的同时，其产生的市场攫取效应也对中部地区的市场结构和秩序造成了负面影响。外资商品对内资商品存在的挤占或挤出效应影响了该地区的市场结构和秩序，从而可能对地区经济的稳定持续发展形成潜在风险。

表 5 – 5 中，三个交互项（ *KFDI* × *MSI* 、*TFDI* × *MSI* 、*MFDI* × *MSI* ）所体现出的制度变迁效应在中部地区同样存在，但与东部地区相比，它们在中部地区没有通过显著性检验。同时，我们发现，FDI 流入后，它们经由资本渠道和消费（市场）渠道对中部地区经济产生了积极影响，然而经由技术渠道加剧了该地区的市场分割程度。换言之，FDI 流入中部地区产生的制度变迁效应主要通过资本效应和市场效应来实现，地方政府为了引进 FDI 加速辖区经济增长，通过调整政策，优化完善行政职能等，不断促进政府服务水平和效率的提高。市场分割指数与技术效应的交互项（ *TFDI* × *MSI* ）没有表现出制度变迁效应，其中可能的原因是该地区产权

保护落后，地区经济主要以资本、劳动力作为投入要素，技术虽然是经济增长的重要源泉，但内外资企业存在较大的技术差距，FDI 溢出效应不能被内资企业吸收利用及内化为自身生产能力，相反，引资竞争下的地方保护主义可能恶化了市场分割程度，进而抑制了 FDI 的技术溢出，从而在整体上未能表现出经由技术效应对中部地区的制度变迁效应。

表 5-6　　　　　　　　　　分地区检验（西部地区）

	（1）	（2）	（3）	（4）	（5）	（6）
常数项	- 2. 097 **	- 1. 893 **	- 1. 821 **	- 1. 414 ***	- 1. 502 **	- 1. 176 **
	（ - 2. 11）	（ - 2. 43）	（ - 2. 97）	（ - 3. 39）	（ - 2. 33）	（ - 2. 44）
φ_{t-1}	0. 015 **	0. 013 **	0. 035 **	0. 038 ***	0. 028 **	0. 017 **
	（2. 41）	（2. 31）	（2. 74）	（3. 04）	（2. 40）	（2. 57）
$ALL(\Omega)$	0. 095 **	- 0. 049	0. 033 *	0. 020 **	0. 358	0. 222 *
	（2. 45）	（ - 1. 30）	（1. 79）	（2. 37）	（0. 88）	（1. 96）
KFDI	1. 687 ***	1. 305 ***				
	（3. 19）	（3. 91）				
$KFDI \times ALL(\Omega)$		0. 240 ***				
		（3. 02）				
TFDI			1. 221 ***	0. 751 **		
			（3. 34）	（2. 76）		
$TFDI \times ALL(\Omega)$				- 0. 013 **		
				（ - 2. 50）		
MFDI					1. 095 *	0. 791 **
					（1. 92）	（2. 69）
$MFDI \times ALL(\Omega)$						0. 275 **
						（2. 33）
CAPITAL	1. 142 ***	0. 932 ***	1. 213 **	1. 022 **	1. 350 ***	1. 045 ***
	（3. 71）	（3. 65）	（2. 21）	（2. 06）	（3. 65）	（3. 59）
LABOUR	1. 274 **	1. 003 **	1. 534	1. 122	1. 436 *	1. 043
	（2. 31）	（2. 14）	（1. 01）	（1. 57）	（1. 87）	（0. 81）
HUMEN	1. 574	1. 219 *	1. 642 **	1. 074 **	1. 706 *	1. 159
	（1. 39）	（1. 92）	（2. 31）	（2. 45）	（1. 81）	（0. 99）

续表

		（1）	（2）	（3）	（4）	（5）	（6）
Sargan 统计量		1.328	1.288	1.426	1.313	1.480	1.732
		（0.42）	（0.32）	（0.41）	（0.46）	（0.37）	（0.45）
$Adj - R^2$		0.41	0.44	0.47	0.40	0.41	0.42
单位根检验	PP	28.085 ***	31.157 ***	35.073 ***	31.731 ***	27.109 ***	31.431 ***
		（0.00）	（0.00）	（0.00）	（0.00）	（0.00）	（0.00）
	IPS	5.063	− 9.325 *	− 13.825 *	− 20.047 **	− 23.748 ***	− 27.178 ***
		（0.93）	（0.08）	（0.07）	（0.04）	（0.00）	（0.00）
	LLC	− 33.805 ***	− 34.461 ***	− 34.532 ***	− 35.668 ***	− 24.946 ***	− 28.136 ***
		（0.00）	（0.00）	（0.00）	（0.00）	（0.00）	（0.00）

注：a. 表中小括号内为 t 值，*Sargan* 统计量和单位根统计量小括号内的值为 p 值。b. *、**、***分别表示在 10%、5% 和 1% 水平上的显著性。

　　从表 5 - 6 的结果看，FDI 流入对西部地区经济同样产生了显著影响，但这种影响与其他地区相比同样表现出明显的差异性。对于市场分割指数（ *MSI* ），它的符号都为正，并且大多呈显著性；当加入交互项后，只有模型（2）的符号发生了变化，但不显著。这说明样本期内，西部地区还存在较为明显的市场分割现象。与其他区域相比，政府之手对经济的干预还比较明显，资源不能自由流动和实现最优配置，区域经济表现出明显的"诸侯经济"特征。因此，引资竞争下的地方保护主义可能恶化了该地区的市场分割程度，进而弱化了区域经济的整体竞争力，加剧了区域经济的非均衡发展。

　　从表 5 - 6 中的三类效应（资本效应 *KFDI* 、技术效应 *TFDI* 、市场效应 *MFDI* ）指标看，FDI 在西部地区同样表现出显著的资本效应、技术效应和市场效应。与其他地区一样，前两类效应的符号显著为正，表明 FDI 经由资本渠道和技术渠道促进了西部地区的经济增长；但不同的是，市场效应的符号为正，表现出外资商品通过消费（市场）渠道也对该地区经济增长产生了促进作用。我们同样认为，此结论并不能支持外资对当地市场控制力的增强有利于区域经济增长，对于它对西部地区经济表现出的积极作用，我们的理解是由于长期中西部地区的 FDI 很少，外资商品虽然对内资商品产生了冲击，但并没有对当地市场结构和秩序构成威胁，反而增强了市场活力，产生了明显的"鲶鱼效应"，从而促进了区域经济发展。

表 5 - 6 中，与其他地区相比，三个交互项（ $KFDI \times MSI$ 、$TFDI \times MSI$ 、$MFDI \times MSI$ ）的符号出现了明显差异，表现出 FDI 制度变迁效应在西部地区的特殊性。从资本效应看，未考虑交互项时，模型（1）中的市场分割指数（ MSI ）符号为正，引入交互项后，模型（2）的符号由正变负。我们对此的解释是，FDI 的资本效应促进了西部经济的市场化发展，但其中包含的制度变迁效应可能并非来自地方政府的主动"进步"，而是引资竞争背景下地方政府对外商的"依从"。具体而言，相比于东部地区，西部地区的引资竞争力弱，为了获取外资，地方政府只有不断提高外企的"超国民待遇"资格，表现出两者不对等的议价地位，而后者往往利用这一优势，要求前者优化投资环境，提高行政效率和服务水平，从而推动了地方政府行政理念、模式、效率等的被动改进。

从 FDI 的技术效应和市场效应看，加入交互项前后的市场分割指数符号没有发生变化，表明 FDI 经由技术和消费（市场）渠道并没有促进该地区的市场化水平提升，市场分割依然是西部地区经济增长的阻碍因素。这也表明 FDI 在整体上对西部地区产生的制度变迁效应还比较弱，区域内还存在较明显的地方保护主义。同时，我们也注意到，市场分割下的技术效应对本地市场的刺激并没有带来制度的改善，反而对其产生了负面作用。对此，我们的理解是西部地区还存在较为严重的地方保护主义，外资企业虽然内含有母国制度因子，但原有的制度安排可能掩盖了外资企业带来的制度活力，相反，它们在西部地区可能更加注重与地方政府"搞好关系"或与其"共同盈利"，最终，FDI 逐利的本性使其成为获取中国转型时期"制度暴利"的又一主体。

5.4.3 分行业检验

在"经济分权"和"政治晋升"的双重激励下，地方政府的自利行为产生了日趋严重的"诸侯经济"。地方保护主义导致的市场分割不仅阻碍了全国统一市场的形成和生产要素的自由流动，而且助推了国民经济行业的"二元性"发展（晋利珍，2008），行业经济呈现出"垄断—竞争"特征（边燕杰和张展新，2002）。具体而言，20 世纪 80 年代以来，中央政府在提高地方政府经济权限的同时，将大量国有企业划归地方政府管理，企业的主要管理人员由地方政府任命。锦标赛背景下，地方政府为了实现政绩目标，常将国有企业作为实现政绩的工具，对其经营行为加以干预，而国有企业借助政府之手，不仅获得了大量优质资源、隐性补贴，甚至在行业准入、市场占有等方面也借政府之手最大化自身利益，表现出明显的"所有制垄断"或"行政垄断"，从而形成行业经济在整体上呈现出"垄断—竞争"的二元性分割发展特征。

面对中国行业经济表现出的二元性分割，人们不禁会问：作为锦标赛竞争的重要组成部分，地方政府的引资竞争对其具有怎样的影响？即 FDI 流入对中国行业经济产生了怎样的影响？FDI 经济效应在中国各行业间具有怎样的表现和差异？基于此，本节依旧借鉴桂琦寒等（2006）的方法，从先测算出中国 19 个主要行业[①]2003—2015 年的行业分割指数[②]，指数值越低，该行业的竞争特征越强，反之，该行业的垄断特征越强；然后利用公式（5-1），从行业层面作进一步检验，结果见表 5-7。

表 5-7 中，分割指数（MSI）系数在 19 个行业中表现出显著的差异性。其中，农、林、牧、渔业等 9 个行业的符号为正，制造业等 10 个行业

---

① 本章所选行业是按照国民经济行业分类标准（GB/T4754—2002）划分的，按其门类共有19 个主要行业。同时，我们注意到，虽然自 2012 年开始国民经济行业分类按照最新标准（GB/T4754—2011）执行，但与前一标准比较，最新划分标准没有发生大的变化，只是新增了一个新门类：国际组织。因此，我们除去该新门类，按 19 个主要行业进行检验。19 个主要行业按序号分别是：1. 农、林、牧、渔业；2. 采掘业；3. 制造业；4. 电力、燃气及水生产供应业；5. 建筑业；6. 交通运输、仓储及邮政业；7. 信息传输、计算机服务和软件业；8. 批发零售业；9. 住宿和餐饮业；10. 金融业；11. 房地产业；12. 租赁和商务服务业；13. 科学研究、技术服务和地质勘察业；14. 水利、环境和公共设施管理业；15. 居民服务和其他服务业；16. 教育业；17. 卫生、社会保障和社会福利业；18. 文化、体育和娱乐业；19. 公共管理和社会组织。

② 实际上，无论前文所称的市场分割指数，还是此处所称的行业分割指数，它们都是锦标赛竞争背景下地方保护主义的表现方式。本章的研究重点是地方政府的引资竞争对当地行业经济产生的效应分析，出于习惯，我们将前文的市场分割指数称作行业分割指数。

的符号为负。对于该结果，我们认为行业特征及属性是解释该差异的重要视角。在符号为正的行业中，由于大多数都具有公共品属性和自然垄断特征，使得它们必须具有大规模和高集聚性。同时，这些行业对国计民生具有直接影响，使得政府必须对其加以控制和规范，从而强化了它们的垄断程度。值得注意的是，采掘业、建筑业和房地产业的符号也显著为正，但它们不具备公共产品和自然垄断行业的天然要求，那么造成这些行业结果为正的原因是什么呢？我们认为样本期内，上述三个行业之所以飞速发展，其中既有国民经济快速发展下对行业经济的刺激和带动，也存在锦标赛竞争下行业扭曲发展的可能。

2003—2015 年，中国经济快速增长，资源价格高企，锦标赛竞争促使地方政府强化对资源行业的控制，通过对资源的开采、经营等实行国有化，禁止或限制民资进入，对已进入的民资进行挤占或产权转让，从而以"国进民退"为特征的行业整合加剧了诸如采掘业的垄断。同时，锦标赛竞争下的地方政府为了实现政绩，他们都具有推动辖区经济高速增长的动力，而建筑业和房地产业无疑是政府推动经济快速增长的重要杠杆。虽然政府之手助推下的两个产业能够在短期内为地方政府带来巨额财政收入，但不合理的增长产生了严重的行业泡沫，这为整体经济的长期稳定发展埋下了隐患。因此，上述三个行业的符号虽然为正，但它们可能是政府不合理干预下的扭曲表现。

表 5-7 中，制造业等 10 个行业的分割指数系数为负，表明伴随着中国经济的市场化发展，上述行业经济的垄断程度进一步弱化，并促进了行业自身增长。在 10 个行业中，大多数属于第三产业，其行业特征和属性要求政府减少干预，充分发挥市场配置资源和决定价格的作用。特别是当前，中国正在推进产业结构调整与升级，第三产业虽然具有巨大的就业吸纳能力和创新空间，但需要恰当的制度安排为其发展提供保障。因此，地方政府必须加快职能转变，约束好政府之手，充分发挥市场配置资源的决定性作用，以推动行业经济向市场化方向发展。值得注意的是，在上述 10 个行业中，具有公共品属性的电力、燃气及水生产供应业的符号也为负，

其原因一方面可能是国民经济的高速增长提高了对该类资源的需求，另一方面可能是样本期内"国进民退"强化了该行业的垄断力量，产生了行业规模过度，从而降低了生产效率。

表 5 - 7 中，FDI 产生的三类效应指标在 19 个行业中也呈现出差异性，并且该差异主要体现在技术效应和市场效应中，而资本效应的符号都一致为正。这说明 FDI 在一定程度上的确缓解了中国行业发展过程中的资金短缺困境，成为推动中国经济快速发展的重要驱动因素。同时，我们也注意到，受"经济分权"和"政治晋升"的激励，地方政府在引资过程中出现了盲目的引资冲动，区域经济出现了明显的产业同构、产能过剩、投资过热等现象，已经严重影响了行业经济和国民经济的平稳持续发展。因此，FDI 的资本效应（ $KFDI$ ）对中国经济是一把"双刃剑"，地方政府应当理性引资，妥善用资，达到 FDI 进入与地方经济的契合，防止引资的盲目化、用资的短视化。

对于 FDI 的技术效应（ $TFDI$ ），19 个行业中，绝大多数符号都为正，表现出 FDI 对行业增长的积极作用。对于建筑业和教育业，它们的符号为负，其中的原因可能是样本期内，全球气候变暖已经成为人们共同关注的话题，并纷纷采取措施来限制和减少碳排放，而从事建筑业的外资企业通过加大工艺改进和技术创新，以此来提高清洁技术效率。然而，当它们进入中国后，国内建筑业的生产传统对其产生了技术上的"水土不服"，从而弱化了 FDI 在该行业的技术效应。对于教育业，虽然自改革开放以来，中国教育产业已经向着世界主流方向发展与靠近，然而中国有别于 FDI 母国的教育传统对国外的教育技术存在着天然的排斥，从而造成了技术溢出在该行业的"不接地气"。除此之外，我们也认为，上述结果可能与中国国情有关。即在社会主义政治制度和执政党秉持的执政理念下，制度安排可能对 FDI 进入中国教育行业采取了某些限制措施，以防止国民教育的发展方向偏离轨道而结出潜移默化的"恶果"。

对于 FDI 的市场效应（ $MFDI$ ），它在制造业等 13 个行业中符号为正，而在农、林、牧、渔业等 6 个行业中的符号为负，也表现出市场效应在行业间的差异性。对此我们的解释是，自加入世界贸易组织以来，外国资本进入中国的条件更为宽松，而地方政府为追求政绩对 FDI 的引入也日趋盲目，虽然表 5 - 7 中有 13 个行业表现出外资商品销售产值比重增加对行业增长率具有正向作用，但这并不说明它对国民经济的持续健康发展具有积极作用。相反，在 13 个符号为正的行业中，外资商品在市场中的占有率已经影响到内资企业的发展，出现了外资企业在商品市场中的"寡占"，虽然它表面上带来了地方经济的"繁荣"，但实质上有可能对产业结构调整和升级形成阻碍。同时，由于地方政府对外资企业的约束力较弱，一旦外资大量流出势必加剧地方经济的波动，从而影响地区稳定。对于 6 个符号为负的行业，其中的原因可能是有的行业因对国计民生有直接影响（如农、林、牧、渔业），政府会强化对 FDI 进入该行业的控制；有的行业由于政治体制、文化习惯等影响（如教育业），政府对 FDI 流入该行业较为谨慎；有的行业由于是公共产品，FDI 可能缺乏进入动力等。

表 5 - 7 中，三个交互项（$KFDI \times MSI$、$TFDI \times MSI$、$MFDI \times MSI$）所体现出的制度变迁效应在 19 个行业中依然存在，但同时也呈现出明显的行业差异。在分割指数系数为正的 9 个行业中，FDI 资本效应和技术效应与行业分割指数的交互项在 7 个行业中的符号都为正。对于其产生的制度变迁效应，我们的理解是，由于上述行业要么具有明显的公共品属性，要么受政治制度影响，行业分割程度加大（垄断）成为其发展的必然趋势，加之锦标赛竞争下政府的盲目引资造成了某些行业的扭曲发展，从而形成了这些行业垄断程度的提高。当外资企业被允许进入上述行业后，外商在与政府的合作过程中，会对政府的行政理念、态度等产生影响，从而促进了政府公共服务效率和水平的提升。值得注意的是，FDI 流入建筑业、房地产业和教育业后产生的制度变迁效应明显有别于其他行业。作为竞争性行业的建筑业和房地产业也表现出较大的行业分割水平，FDI 进入后，分割指数与资本效应交互项的符号在建筑业为负，在房地产业为正。对于该结果，我们认为这是政府不当干预下 FDI 在建筑业恶性发展的结果，因而没有产生制度的正向变迁。同时，FDI 在房地产业的正向结果并不能说明

该行业发展的合理性，而可能是外资与政府"共同盈利"下的扭曲表现。对于 FDI 技术效应与分割指数交互项在建筑业和教育业产生的制度变迁效应，我们的解释是较高的行业分割水平促进了外资企业节能减排技术在该行业的运用，进而促进了该行业的低碳清洁发展。对于教育业，即便 FDI 对该行业具有显著的技术效应，但因政治体制、教育传统等影响，FDI 产生的制度变迁效应也因"不接地气"而难以发挥作用。

同时，上述 7 个行业中，FDI 市场效应与分割指数综合作用产生的制度变迁效应在总体上向积极方向发展，表明在行业分割程度提高的情形下，外资商品并没有在这些行业对内资商品产生市场攫取效应，相反，不断增强的行业垄断削弱了外资商品对市场的控制力。可能的原因是有些行业的公共品属性决定了政府必须对其进行控制和保护，防止发生剧烈的行业波动而对人民生活和国民经济产生威胁。对于建筑业和房地产业，FDI 通过消费（市场）渠道产生的制度变迁效应都为负，这进一步说明大量外资进入这两个行业并没有产生真正的正向效应，更多地反映了外商与政府"共同盈利"下的行业扭曲。

表 5-7 中，对于分割指数系数为负的 10 个行业，它们的交互项符号较之分割指数系数为正的行业而言，表现出更强的一致性。具体而言，FDI 资本效应和技术效应与分割指数的交互项（$KFDI \times MSI$、$TFDI \times MSI$）在绝大多数行业都表现出了积极的制度变迁效应。说明样本期内，FDI 通过资本效应和技术效应，不仅促进了中国行业经济发展，也对改善辖区制度环境产生了推动作用。外商在与地方政府的博弈过程中，会对其服务水平、行政效率提出要求，迫使地方政府不断提高行政效率和公共服务水平，从而产生了积极的制度变迁效应。同时，在上述 10 个行业中，虽然外资商品通过消费（市场）渠道对内资商品产生了挤占，弱化了国内企业的市场竞争力，但外资企业在整体上产生的资本效应和技术效应促进了国内企业生产效率的提高，并且外资企业内含的制度因子对政府产生了"潜移默化"的影响，减少了行业经济发展过程中的制度约束，从而获得了净正向效应。

表 5 - 7　按行业分类检验（指标 1）

序号	常数项	φ_{t-1}	$ALL(\Omega)$	$KFDI$	$KFDI \times ALL(\Omega)$	$TFDI$	$TFDI \times ALL(\Omega)$	$MFDI$	$MFDI \times ALL(\Omega)$	$CAPITAL$	$LABOUR$	$HUMEN$	$Sargan$ 统计量	$Adj - R^2$
1	-1.219 ** (-2.32)	0.076 (1.10)	0.006 * (1.88)	0.004 (1.31)	0.127 (1.03)	0.021 (1.44)	0.189 ** (2.23)	-0.031 (-0.88)	-0.020 (-1.09)	0.271 (1.43)	0.050 ** (2.31)	0.011 *** (3.13)	1.265 (0.22)	0.37
2	0.602 ** (2.41)	0.038 *** (3.46)	0.141 *** (3.03)	1.265 * (1.80)	0.030 * (1.88)	0.047 *** (3.56)	0.077 ** (2.15)	-0.009 (-1.43)	-0.022 ** (-2.22)	-0.015 (-1.38)	-0.121 (-0.86)	0.629 ** (2.37)	1.315 (0.25)	0.34
3	1.162 ** (2.22)	0.074 ** (2.46)	-0.040 ** (-2.25)	0.331 *** (3.14)	0.012 * (1.89)	0.011 ** (2.18)	-0.011 ** (-2.23)	0.035 * (1.92)	-0.039 * (-1.95)	1.013 ** (2.30)	0.050 ** (2.22)	0.674 *** (3.72)	1.341 (0.25)	0.44
4	1.312 ** (2.35)	0.044 (0.90)	-0.180 ** (-2.08)	0.121 ** (2.33)	-0.067 * (-2.41)	0.033 (0.85)	-0.007 * (-1.79)	0.018 ** (2.19)	-0.025 ** (-2.30)	1.319 *** (3.52)	1.003 ** (2.14)	0.677 (1.23)	1.369 (0.21)	0.40
5	0.329 ** (2.80)	0.020 ** (2.31)	0.326 * (1.86)	0.408 (1.11)	-0.139 (-1.53)	-0.042 (-1.60)	0.024 ** (2.20)	0.050 (0.73)	-0.104 (-1.22)	0.681 ** (2.40)	1.120 ** (2.34)	0.155 ** (2.63)	1.276 (0.24)	0.34
6	0.703 ** (2.02)	0.029 * (1.82)	-0.141 (-1.11)	0.238 (0.88)	-0.021 ** (-2.27)	0.034 ** (2.27)	-0.018 * (-1.80)	0.032 (1.14)	-0.041 (-1.28)	1.530 ** (2.36)	0.851 (1.27)	0.602 ** (2.13)	1.331 (0.25)	0.35
7	1.103 ** (2.43)	0.069 *** (3.15)	-0.082 ** (-2.22)	0.261 ** (2.09)	-0.088 *** (-3.06)	0.031 ** (2.53)	-0.012 ** (-2.22)	0.017 * (1.80)	-0.021 ** (-2.31)	1.012 ** (2.31)	0.564 ** (2.42)	1.050 ** (2.08)	1.322 (0.29)	0.37
8	-0.504 (-0.48)	0.031 (0.80)	-0.106 ** (-2.52)	0.230 ** (2.40)	-0.041 ** (-2.41)	0.043 (1.30)	-0.022 * (-1.80)	0.063 (0.83)	-0.025 ** (-2.31)	0.203 (0.79)	1.058 *** (3.12)	0.660 (1.42)	1.393 (0.26)	0.40
9	-0.527 (-0.78)	0.032 (1.21)	-0.203 ** (-2.21)	0.118 *** (3.10)	-0.033 ** (-2.01)	0.027 * (1.90)	-0.013 ** (-2.30)	0.032 (1.40)	-0.030 ** (-2.40)	0.406 ** (2.20)	0.023 (1.87)	0.451 (1.52)	1.301 (0.27)	0.33
10	1.102 ** (2.21)	0.041 ** (2.33)	-0.189 ** (-2.91)	0.124 (1.26)	-0.049 ** (-2.18)	0.021 (1.55)	-0.009 ** (-2.31)	0.075 * (1.93)	-0.123 (-0.94)	0.281 ** (2.33)	0.178 ** (2.20)	0.222 ** (2.81)	1.345 (0.26)	0.35

续表

序号	常数项	φ_{t-1}	ALL(Ω)	KFDI	KFDI×ALL(Ω)	TFDI	TFDI×ALL(Ω)	MFDI	MFDI×ALL(Ω)	CAPITAL	LABOUR	HUMEN	Sargan 统计量	Adj-R²
11	0.972* (1.71)	0.045** (2.51)	0.142*** (3.20)	0.261** (2.44)	0.073*** (3.13)	0.033* (1.87)	0.019** (2.21)	0.038*** (3.10)	-0.026* (-1.74)	0.336** (2.23)	-0.222 (-1.61)	0.305 (1.42)	1.277 (0.25)	0.31
12	0.231** (2.33)	0.037* (1.95)	-0.220** (-2.43)	0.366** (2.40)	-0.076 (-1.21)	0.010*** (3.11)	-0.042 (-1.06)	0.036 (1.24)	-0.021* (-1.83)	0.709** (2.06)	0.128* (1.86)	0.364** (2.53)	1.330 (0.29)	0.32
13	-1.818** (-2.32)	0.037*** (3.38)	0.342** (2.39)	0.172* (1.75)	0.044 (0.92)	0.065** (2.44)	0.035 (0.91)	-0.044 (-1.25)	-0.043** (-2.51)	0.078 (0.82)	0.215 (1.06)	0.931** (2.14)	1.231 (0.27)	0.39
14	0.240* (1.93)	0.021 (0.88)	0.461 (1.26)	0.222** (2.59)	0.031*** (3.93)	0.032* (1.88)	0.014** (2.32)	0.032 (1.54)	-0.119 (-0.84)	0.164*** (3.31)	0.330** (2.70)	0.315** (2.32)	1.279 (0.26)	0.36
15	-0.922 (-1.22)	0.032** (2.15)	-0.517*** (-2.99)	0.306** (2.34)	-0.023** (-2.23)	0.016** (2.34)	-0.023** (-2.50)	-0.077** (-2.49)	-0.057 (-1.27)	0.231*** (3.03)	0.324** (2.01)	0.414*** (2.43)	1.315 (0.27)	0.39
16	-1.121 (-1.68)	0.025 (1.21)	0.330 (0.64)	0.311** (2.54)	0.022** (3.13)	-0.023 (-1.19)	-0.064* (-1.82)	-0.073** (-2.60)	0.036 (1.57)	0.339* (1.91)	0.945** (2.47)	1.067** (2.23)	1.388 (0.25)	0.34
17	0.260** (2.50)	0.026 (1.04)	0.139** (2.57)	0.121* (1.83)	0.035** (2.31)	0.021** (2.32)	0.057 (1.58)	0.081*** (3.85)	0.046 (1.28)	0.571** (2.55)	0.306*** (3.56)	0.702* (1.93)	1.351 (0.25)	0.38
18	0.716** (1.88)	0.047** (2.22)	-0.144 (-0.64)	0.360 (1.43)	0.039 (1.43)	0.061** (2.17)	0.039 (0.91)	-0.055*** (-3.90)	-0.041 (-0.76)	0.519** (1.93)	0.247 (0.79)	0.573*** (2.32)	1.301 (0.29)	0.31
19	0.176** (2.47)	0.025 (0.91)	0.240** (2.35)	0.150 (1.07)	0.032* (1.86)	0.039 (1.01)	0.027* (1.81)	0.017 (1.64)	-0.012*** (-3.04)	0.153** (2.35)	0.131** (2.24)	0.318** (2.20)	1.395 (0.27)	0.36

注：*、**、***分别表示10%、5%、1%水平上的显著性；表中 Sargan 统计量小括号内的值为 p 值，其余小括号内的值为 t 值。

说明：检验样本包括中国 30 个省市自治区（西藏除外）2003—20 5 年行业数据，所选行业按照国民经济行业分类标准（GB/T 4754—2002）进行划分，按其门类共 19 类。同时，我们注意到，国民经济行业分类于 2012 年开始按最新的划分标准（GB/T 4754—2011）执行，但我们所选样本是基于 19 个门类。没有进行具体行业的调整，而新标准都是对具体行业的调整，没有进行门类的调整，因此，样本中 2012 年之后的数据按照旧标准旧标准估计不会影响结果。对于回归过程，我们没有进行除交叉项以外的其他变量回归，是统一进行了包括交叉项在内的一次性回归。

111

表 5 - 8　按行业分类检验（稳健性检验）（指标 2）

序号	常数项	φ_{t-1}	$ALL(\Omega)$	KFDI	KFDI × ALL(Ω)	TFDI	TFDI × ALL(Ω)	MFDI	MFDI × ALL(Ω)	CAPITAL	LABOUR	HUMEN	Sargan 统计量	$Adj - R^2$
1	-0.5176* (-1.83)	0.018 (1.00)	0.014** (2.35)	0.012 (0.90)	0.234 (1.20)	0.039 (1.63)	0.162* (1.93)	-0.044 (-1.21)	-0.037 (-1.72)	0.408 (1.43)	0.108** (2.33)	0.016** (2.71)	1.338 (0.23)	0.34
2	1.358** (2.31)	0.026** (2.35)	0.252** (2.38)	0.311** (2.77)	0.030* (1.92)	0.026** (2.12)	0.022** (2.38)	-0.051 (-1.49)	-0.027* (-1.80)	-0.038 (-1.29)	-0.121 (-1.35)	0.370** (2.31)	1.329 (0.27)	0.35
3	1.361** (2.23)	0.071** (2.27)	-0.011 (-1.71)	0.284** (2.45)	0.023* (1.89)	0.015** (2.32)	-0.031* (-1.95)	0.022** (2.93)	-0.019** (-2.34)	1.142** (2.49)	0.026* (1.91)	0.832* (1.90)	1.317 (0.26)	0.39
4	-0.730 (-1.54)	0.077 (1.24)	-0.303** (-2.06)	0.257** (2.43)	-0.041** (-2.34)	0.025 (1.47)	-0.016** (-2.59)	0.033* (1.92)	-0.023** (-2.41)	1.403** (2.55)	1.015** (3.68)	0.780 (1.40)	1.342 (0.28)	0.38
5	-1.457* (-1.71)	0.028** (2.59)	0.231** (2.44)	0.571 (1.38)	-0.041 (-1.29)	-0.044 (-1.35)	0.012* (1.87)	0.043 (1.39)	0.121 (1.28)	0.598** (2.42)	1.079** (1.97)	0.241** (2.71)	1.333 (0.24)	0.35
6	0.359** (2.32)	0.058* (1.81)	-0.216 (-1.37)	0.138 (1.33)	-0.011** (-2.42)	0.033*** (3.56)	-0.034** (-2.71)	0.034* (1.79)	-0.031 (-1.22)	1.370** (2.34)	0.712 (1.26)	0.668*** (3.49)	1.373 (0.26)	0.36
7	0.721 (1.31)	0.035** (2.46)	-0.033 (-1.27)	0.277** (2.72)	-0.036** (-2.60)	0.013* (1.80)	-0.025* (-1.97)	0.039** (2.22)	-0.017** (-2.38)	0.704* (1.95)	0.523** (2.43)	1.094* (1.81)	1.357 (0.27)	0.39
8	-0.092 (-1.42)	0.027 (1.11)	-0.207** (-2.31)	0.294* (1.81)	-0.039** (-2.34)	0.037 (1.25)	-0.012** (-2.56)	0.044 (1.46)	-0.021** (-2.34)	0.305 (1.39)	1.221 (1.64)	0.707 (1.21)	1.364 (0.25)	0.38
9	0.370* (1.92)	0.115 (0.91)	-0.182** (-2.40)	0.121** (2.37)	-0.023** (-2.35)	0.027* (1.85)	-0.011** (-2.48)	0.057 (0.96)	-0.014* (-1.95)	0.478** (2.31)	0.041** (2.81)	0.512 (1.19)	1.367 (0.28)	0.37
10	0.431** (2.45)	0.041** (2.17)	-0.131** (-2.36)	0.204** (2.21)	-0.055** (-2.43)	0.033 (1.36)	-0.013* (-1.80)	0.057*** (2.91)	-0.104 (-1.44)	0.223* (1.91)	0.318** (2.41)	0.460** (2.22)	1.321 (0.23)	0.35

续表

序号	常数项	φ_{t-1}	ALL(Ω)	KFDI	KFDI × ALL(Ω)	TFDI	TFDI × ALL(Ω)	MFDI	MFDI × ALL(Ω)	CAPITAL	LABOUR	HUMEN	Sargan 统计量	Adj - R^2
11	0.267** (2.55)	0.048** (2.39)	0.281** (2.69)	0.136** (2.33)	0.057** (2.51)	0.033** (2.40)	-0.048** (-2.27)	0.051** (2.57)	-0.032* (-1.91)	0.368** (2.36)	-0.181 (-1.40)	0.254 (0.71)	1.345 (0.27)	0.35
12	-1.401** (-2.31)	0.025** (2.76)	-0.121* (-2.28)	0.434** (2.29)	-0.014 (-0.77)	0.045** (2.47)	-0.129 (-0.45)	0.046 (1.38)	-0.023* (-1.84)	0.575** (2.66)	0.311* (1.82)	0.321** (2.40)	1.345 (0.27)	0.38
13	0.204 (1.35)	0.057** (2.36)	0.288** (3.39)	0.189** (2.50)	-0.025 (-1.17)	0.121** (2.36)	-0.047 (-1.45)	-0.213 (-0.91)	-0.179** (-2.42)	0.036 (1.28)	0.257 (1.30)	0.709* (1.89)	1.313 (0.26)	0.36
14	0.423 (1.35)	0.127* (1.98)	0.234* (1.88)	0.223** (2.31)	0.060* (1.79)	0.023* (1.92)	0.046** (2.42)	0.023 (0.89)	-0.031 (-1.07)	0.134* (1.94)	0.421** (2.64)	0.217** (2.40)	1.322 (0.26)	0.35
15	-0.524 (-0.77)	0.013 (1.05)	-0.194* (-1.82)	0.291* (2.41)	-0.041** (-2.40)	0.022** (2.32)	-0.019** (-2.67)	-0.091** (-2.64)	-0.037 (-0.84)	0.318** (2.86)	0.362* (1.91)	0.513** (2.47)	1.343 (0.26)	0.35
16	-0.493** (-2.57)	0.019 (1.40)	0.204 (1.16)	0.356 (1.52)	0.027** (2.33)	-0.039 (-1.13)	-0.042** (-2.81)	-0.071** (-2.35)	0.028 (1.01)	0.217** (2.99)	0.889** (2.47)	1.107** (2.99)	1.318 (0.26)	0.36
17	0.118 (1.01)	0.016* (1.81)	0.178*** (3.57)	0.129* (1.95)	0.029** (2.21)	0.027** (2.38)	0.039 (0.72)	0.069* (1.88)	0.033 (1.15)	0.712** (2.60)	0.259** (4.50)	0.816* (1.92)	1.304 (0.26)	0.33
18	0.306** (2.83)	0.012 (1.20)	-0.139* (-1.95)	0.448 (0.98)	0.018** (2.72)	0.053** (2.67)	0.048 (1.03)	-0.034** (-2.43)	-0.047* (-1.91)	0.454* (1.92)	0.314 (1.40)	0.583** (2.51)	1.344 (0.25)	0.31
19	0.502* (1.84)	0.037 (1.43)	0.303* (1.77)	0.230 (1.44)	0.041* (1.90)	0.036 (0.85)	0.021* (1.86)	0.021 (1.31)	-0.004** (-2.54)	0.109** (2.33)	0.175** (2.43)	0.373*** (4.30)	1.301 (0.24)	0.34

注：*、**、***分别表示10%、5%、1%水平上的显著性；表中Sargan统计量小括号内的值为p值，其余小括号内的值为t值。

说明：检验样本包括中国30个省市自治区（西藏除外）2003—2015年行业数据，所选行业按照国民经济行业分类标准（GB/T 4754—2002）进行划分，挑其门类共19类。同时，我们注意到，国民经济行业分类于2012年开始按照最新的划分标准（GB/T 4754—2011）执行，但我们所选样本是基于19个门类。没有进一步细分，而薪标准都是对具体行业的调整，没有进行门类的调整。因此，样本中2012年之后的数据按照旧标准进行回归。对于回归过程，我们没有进行除交叉项以外的其他变量回归，是统一进行了包括交叉项在内的一次性回归。

表 5 - 9　分行业的残差序列面板单位根检验

		1	2	3	4	5	6	7	8	9	10
指标1	PP	90.297*** (0.00)	90.396*** (0.00)	94.128*** (0.00)	90.084*** (0.00)	89.143*** (0.00)	92.117*** (0.00)	94.390*** (0.00)	92.013*** (0.00)	92.198*** (0.00)	87.952*** (0.00)
	IPS	-10.125*** (0.00)	-10.231*** (0.00)	-12.841*** (0.00)	3.104 (1.00)	-12.117*** (0.00)	-13.624*** (0.00)	-9.947*** (0.00)	-13.856*** (0.00)	-11.820*** (0.00)	-9.983*** (0.00)
	LLC	-58.332*** (0.00)	-48.105*** (0.00)	-52.341*** (0.00)	-55.008*** (0.00)	-53.212*** (0.00)	-44.690*** (0.00)	5.317 (1.00)	-54.569*** (0.00)	-49.229*** (0.00)	-51.087*** (0.00)
指标2	PP	86.124*** (0.00)	92.318*** (0.00)	82.169*** (0.00)	93.147*** (0.00)	63.984*** (0.00)	82.131*** (0.00)	80.174*** (0.00)	82.136*** (0.00)	90.397*** (0.00)	82.114*** (0.00)
	IPS	-14.447*** (0.00)	-13.208*** (0.00)	-11.461*** (0.00)	-9.097*** (0.00)	-10.331*** (0.00)	-12.115*** (0.00)	-14.692*** (0.00)	-10.581*** (0.00)	-9.006*** (0.00)	-11.440*** (0.00)
	LLC	-37.335*** (0.00)	-45.144*** (0.00)	-51.034*** (0.00)	-55.693*** (0.00)	-53.284*** (0.00)	-44.621*** (0.00)	-18.930*** (0.00)	2.039 (0.97)	-48.910*** (0.00)	-50.553*** (0.00)

		11	12	13	14	15	16	17	18	19
指标1	PP	85.392*** (0.00)	90.185*** (0.00)	87.630*** (0.00)	92.194*** (0.00)	88.339*** (0.00)	93.051*** (0.00)	84.398*** (0.00)	92.348*** (0.00)	91.371*** (0.00)
	IPS	0.829 (0.87)	-11.695** (0.00)	-10.330*** (0.00)	-12.415*** (0.00)	-11.3471*** (0.00)	-13.201** (0.00)	-10.983*** (0.00)	4.568 (1.00)	1.607 (0.92)
	LLC	-34.381*** (0.00)	-40.258*** (0.00)	-48.360*** (0.00)	-49.325*** (0.00)	-53.278*** (0.00)	-50.315*** (0.00)	-19.336*** (0.00)	-18.431*** (0.00)	-11.272*** (0.00)
指标2	PP	95.603*** (0.00)	79.671*** (0.00)	82.385*** (0.00)	90.919*** (0.00)	84.147*** (0.00)	79.446*** (0.00)	80.301*** (0.00)	82.665*** (0.00)	95.819*** (0.00)
	IPS	-9.995*** (0.00)	-12.303*** (0.00)	5.051 (1.00)	-14.024*** (0.00)	-11.582*** (0.00)	-10.394*** (0.00)	-12.590*** (0.00)	-9.577*** (0.00)	-13.068*** (0.00)
	LLC	-41.158*** (0.00)	-29.056*** (0.00)	-52.255*** (0.00)	-51.006*** (0.00)	4.113 (1.00)	-38.373*** (0.00)	-49.918*** (0.00)	-50.004*** (0.00)	-52.368*** (0.00)

注：*、**、***分别表示10%、5%、1%水平上的显著性，小括号内的值为 p 值。

为了保证回归结果的有效性，我们进行稳健性检验，利用 19 个行业各行业在岗职工工资占当年在岗职工工资的比值对行业垄断程度进行度量，然后再次利用上述方法进行估计，结果见表 5 – 8。从表 5 – 8 的结果看，主要变量的符号及显著性与表 5 – 7 保持了较好的一致性，进一步验证了利用行业垄断度得到的结果是稳健有效的。其分析与表 5 – 7 相类，因此不再详述。

5.4.4 分企业所有制检验

自改革开放以来，中国所有制经济逐步由单一化向多元化发展，到目前，已经形成公有制为主体、多种所有制经济共同发展的基本经济制度。在此制度安排下，中国的企业所有制也表现出多元性，按照《关于划分企业登记注册类型的规定》（国统字〔2011〕86 号）的划分标准，共包括 3 大类 18 小类①。面对多元化的企业所有制结构，我们会问，它们对中国经济绩效具有怎样的影响？FDI 进入后产生的经济效应将在不同所有制企业间产生怎样的差异？基于此，本节仍旧利用桂琦寒等（2006）的方法，依据前文得到的劳动力市场分割指数，从企业所有制的角度来分析 FDI 经济效应在三类企业（国有企业、民营企业、混合企业）中的具体表现和差异。

（1）国有企业

长期以来，所有制的不同造成了企业间显著的"政治性主从次序"差异（黄亚生，2005），进而它们在资源获取、市场拓展、财产保护等方面表现出巨大差异（陈琳和林珏，2009）。作为公有制经济的重要组成部分，国有企业借用政府之手获取了显著的竞争优势，进而获得了巨额的垄断利润和制度租金（刘小玄，2003）。然而，正是在政府庇护下，国有企业普

---

① 3 大类 18 小类是指：内资企业（国有企业、集体企业、股份合作企业、联营企业、有限责任公司、股份有限公司、私营企业、其他企业）；港、澳、台商投资企业（合资经营企业（港或澳、台资），合作经营企业（港或澳、台资），港、澳、台商独资经营企业，港、澳、台商投资股份有限公司，其他港、澳、台商投资企业）；外商投资企业（中外合资经营企业、中外合作经营企业、外资企业、外商投资股份有限公司、其他外商投资企业）。

遍表现出低效率、行政化的特点，对市场竞争表现出抵制性和对市场信息缺乏敏感性。因此，黄亚生（2005）认为，中国国有企业由于具备了"政治性主从次序"上的优势，它们容易在制度安排下"坐享其成"，从而缺少市场竞争和自我成长的意识和动力。

在此背景下，外资进入国有企业将有怎样的表现？我们认为，国有企业虽然具有强大的竞争力，但这种能力的获得是经政府之手实现的，它们缺乏主动创新和提高生产效率的激励机制，所获利润大多体现为制度租金。作为集母国资本、技术、管理经验、制度等要素的"复合产品"，FDI进入国有企业既有对其实力的考虑，同时也可能存在与政府"搞好关系"的考虑。同时，通过与国有企业合作，外资可能会利用它们的政治优势，形成与国有企业的"合谋"。因此，FDI进入国有企业后，有可能加剧市场的不平等竞争，阻碍整体经济的市场化发展，形成外资与国有企业"合谋"下的"共同成功"（邹至庄，2005）。

（2）民营企业

对于民营企业，它们一方面表现出获取外部资源的强烈动机，另一方面在"政治性主从次序"的制度安排下，民营企业受到了更强的竞争约束和歧视性待遇，从而限制了它们发展的合理空间。黄亚生（2005）研究指出，中国在推进市场化的进程中，对资源在不同所有制企业间的分配存在明显的计划经济痕迹，"政治性主从次序"下的民营企业无论在资源获取，还是市场拓展等方面较之国有企业都处于明显弱势地位。同时，民营企业在经营成长过程中，较之国有企业面临着更大的制度风险，它们在中国的法律地位相对低下，私有产权缺少有效保护，因而大多数企业都表现出生产经营行为的短期化，不愿意从事长期性投资，这一观点在黄孟复（2005）的研究中得到了反映，他发现中国的民营企业平均寿命只有2.9年，与外国民营企业平均寿命为98年相比差距巨大（许学峰，2007）。

因此，虽然FDI进入中国民营企业有利于后者生产效率和竞争力的提高以及中国整体经济的市场化发展，但受所有制"政治性主从次序"影响，民营企业遭受到更多的"软约束"（郭剑花和杜兴强，2011），加上自身缺少技术和完善的法人治理结构，导致流入民营企业的 FDI 明显少于国有企业。但我们认为，该现象并不意味着民营企业缺乏效率，可能更重要的是不公正待遇造成的，FDI 流入其中的数量较少，本质上是外商对民营企业缺乏制度安全感的反映。换言之，不合理的制度安排是造成 FDI 在不同所有制企业间不合理流动的最重要因素。

（3）混合企业

这里的混合企业是指由国内不同所有者组成的或者由国内投资者与外国投资者（港、澳、台商投资企业，外商投资企业）共同组成的企业。改革开放以来，混合企业已经成为国民经济的重要组成部分，它们在增强国民经济活力，促进技术创新、提高社会就业水平等方面都起到了重要作用。混合企业由于具有多种所有制特征，它们在组织构架、产权、管理、法律等方面都与其他所有制企业不同。因此，FDI 流入这类企业产生的影响可能与前二类企业存在明显差异。对此，陈琳和林珏（2009）研究发现，混合企业由于兼具多种所有制的特点，FDI 流入产生的经济效应将因所有制的多样性而发生变化，它是多种所有制综合反映的结果。

基于此，我们认为：FDI 经济效应在不同所有制企业中可能存在差异，FDI 大量进入国有企业，二者可能会形成"合谋"，从而阻碍中国企业的市场化发展和降低社会福利水平；民营企业虽然具有与外资合作的强烈愿望，但不合理的制度安排可能弱化 FDI 的进入动机，从而中国民营企业长期处于小规模、短期化的经营模式中；混合企业受所有制多样化的影响，FDI 产生的经济效应可能介于其他两类企业（国有企业和民营企业）之间，结果见表 5 - 10。

表 5 - 10　　　　　　　　　按企业所有制类型检验

变量	国有企业	民营企业	混合企业
常数项	2. 372 ***	1. 809 ***	1. 413 **
	（3. 70）	（4. 08）	（2. 59）
φ_{t-1}	0. 037 **	0. 069 **	0. 038
	（2. 47）	（2. 37）	（1. 50）

续表

变量		国有企业	民营企业	混合企业
MSI		− 0. 574	− 0. 203 ***	− 0. 330 **
		(− 1. 32)	(− 3. 58)	(− 2. 44)
KFDI		1. 141	1. 295 **	1. 208 **
		(0. 73)	(2. 47)	(2. 87)
KFDI × MSI		0. 886 *	− 1. 332 **	− 0. 608 **
		(1. 90)	(− 2. 31)	(− 2. 35)
TFDI		0. 179 **	0. 395	0. 471 **
		(2. 34)	(1. 18)	(2. 50)
TFDI × MSI		− 0. 174	− 0. 139 **	0. 430
		(− 1. 01)	(− 2. 75)	(0. 87)
MFDI		0. 793 **	− 0. 392 *	− 0. 313 *
		(2. 22)	(− 1. 90)	(− 1. 97)
MFDI × MSI		0. 718 ***	− 0. 319 **	− 0. 418
		(3. 49)	(− 2. 30)	(− 1. 27)
CAPITAL		2. 027 **	2. 114 **	1. 432 **
		(2. 52)	(2. 07)	(2. 51)
LABOUR		1. 194 **	1. 392 **	1. 305
		(2. 43)	(2. 28)	(1. 40)
HUMEN		0. 598 **	0. 637 ***	0. 616 **
		(2. 31)	(3. 95)	(2. 13)
Sargan 统计量		1. 291	1. 304	1. 097
		(0. 28)	(0. 23)	(0. 24)
$Adj - R^2$		0. 48	0. 43	0. 42
面板单位根检验	PP	73. 312 ***	79. 309 ***	80. 151 ***
		(0. 00)	(0. 00)	(0. 00)
	IPS	− 9. 875 ***	− 9. 623 ***	− 10. 086 ***
		(0. 00)	(0. 00)	(0. 00)
	LLC	47. 324 ***	49. 032 ***	47. 459 ***
		(0. 00)	(0. 00)	(0. 00)

a. 表中小括号内为 t 值, Sargan 统计量和单位根统计量小括号内的值为 p 值。b. *、* *、* * *分别表示在 10%、5% 和 1% 水平上的显著性。c. 对于估计过程, 与表 5 - 7 的处理方法一样, 在估计单一效应的基础上, 逐步加入其他效应指标, 最后进行所有变量的一次性估计。

从表 5 – 9 可以看出，在三类企业中，市场分割指数（ *MSI* ）的符号都为负，表明随着中国市场化水平的提高，企业的经营绩效得到了明显改善。相对于民营企业和混合企业，国有企业的市场分割指数符号不显著，其原因可能与国有企业的所有制性质及它在国民经济中的特殊地位有关。长期以来，国有企业作为落实政府调控政策的重要传导渠道，承担着稳定经济、促进就业等政治责任。同时，地方政府常将国有企业作为实现政绩的工具，使之难以完全按照市场规则进行生产经营。在此背景下，受惠于政府庇护的国有企业表现出明显的依靠制度租金生存，生产效率低下，资源浪费严重，危机意识不足，人员流动性弱，从而直接影响了企业的经营绩效。

从单一效应（资本效应 *KFDI* 、技术效应 *TFDI* 、市场效应 *MFDI* ）指标看，FDI 在三类企业中都产生了正向的资本效应和技术效应，再次表明 FDI 对内资企业的资本约束和技术提升都产生了积极影响。在资本效应中，国有企业表现不显著性，这可能与其更容易获得贷款或政府补贴从而对资金缺乏敏感有关。在技术效应中，民营企业的系数为正但不显著，这可能与其发展水平和受到的歧视性待遇有关，相对于其他两类企业，中国民营企业在整体上存在资金不足、技术水平低的劣势，它们虽然具有强烈的外资需求愿望，但外商基于风险的考虑，缺乏向其投资的动力。因此，长期以来民营企业的技术水平难以提升，竞争力不断降低，进而对 FDI 的吸引力进一步下降。

对于 FDI 进入三类企业产生的市场效应（ *MFDI* ），从表 5 – 9 中可以看出，它们之间存在明显差异。它在民营企业和混合企业中产生了显著的负面影响，但在国有企业中显著为正。其中的原因可能是对于国有企业，它们在资源获取、行业准入、市场拓展等方面都具有明显的所有制优势，较少受到"软约束"。引资背景下，外资企业利用"超国民待遇"资格可能对国有企业的外部环境产生了冲击，激发了后者的生产活力，使之产生了积极的增长效应。还有可能是外资与国有企业存在合谋，各自利用自身优势，对其他类型企业进行挤占甚至挤出，从而获取垄断利润。对于民营企业和混合企业，上述结论一方面反映出中国的市场化程度得到了提高，另一方面也反映出外资商品对内资商品产生了挤出效应，从而可能对市场结构和秩序产生不利影响。

从交互项（$KFDI \times MSI$、$TFDI \times MSI$、$MFDI \times MSI$）的符号看，它们在三类企业中也表现出明显的差异性。比较而言，FDI 通过国有企业产生的制度变迁效应要弱于其他两类企业。对于国有企业，外资经由资本渠道和消费（市场）渠道并没有产生明显的制度变迁效应，其中的原因可能是市场分割下降情形下，FDI 的资本效应和市场效应虽然促进了国有企业生产效率的提高，但"政治性主从次序"下的制度安排弱化了国有企业向市场化方向发展的自我意识，外资流入更多的是出于"关系维护"或"共同盈利"，从而阻碍了 FDI 内含的制度效应溢出。对于民营企业和混合企业，它们的市场属性高于国有企业，更容易实现与外国投资者在经营理念、运营模式等方面的融合，FDI 内含的制度因子更容易向两类企业溢出，进而产生积极的制度变迁效应。值得注意的是，FDI 技术效应与市场分割指数交互项（$TFDI \times MSI$）的符号在混合企业中为正，表明市场分割下降情形下技术效应并没对混合企业产生积极的制度效应，其中的原因可能是在该类企业中，外商独资企业的比重越来越大，它们对技术、知识产权等方面的保密性更强，从而导致了制度效应难以通过技术渠道发挥作用。

表 5 – 9 中，FDI 市场效应与市场分割指数交互项（$MFDI \times MSI$）的符号在民营企业和混合企业中为负。这表明与国有企业相比，FDI 进入增强了两类企业的市场化水平，促进了企业制度建设。但同时，外资商品可能对内资商品造成了挤出，形成了外资商品对市场的"寡占"。因此，对于制度变迁效应，我们既要认可它对中国市场经济发展的积极作用，同时也要防范外资商品可能对内资商品产生的过度竞争。

5.5 本章小结

本章在前文的基础上，通过建立分布滞后动态面板计量经济模型，使用系统广义矩估计（SYS – GMM）方法，从全样本、分地区、分行业、分企业所有制四个方面就 FDI 对中国经济产生的经济效应（资本效应、技术效应、市场效应、制度效应）进行了实证检验。在检验过程中，为了刻画锦标赛竞争下地方政府引进 FDI 对中国经济产生的制度变迁效应，我们首先利用桂琦寒等（2006）的方法，从劳动力市场的角度测算出城市、行业和企业的市场（行业）分割指数，然后将资本效应、技术效应、市场效应与市场（行业）分割指数的交互项引入模型进行分析。主要发现包括：

从全样本的检验结果看，样本期内中国经济的市场化程度正逐步提高。FDI 在中国产生了显著的资本效应、技术效应、市场效应和制度效应，但四类效应对中国经济的发展方向具有明显差异。FDI 的资本效应和技术效应对缓解中国国内资本短缺和提升企业技术水平具有积极作用；市场效应更多地表现出外资商品对内资商品的挤出效应；制度变迁效应在总体上具有积极作用，表现出它促进了政府公共服务水平和行政效率的提高；FDI 的制度变迁效应更多的是通过资本渠道和技术渠道获得的，而没有通过消费（市场）渠道产生。

从分地区的检验结果看，东部地区经济的市场化倾向更加明显；FDI 的资本效应和技术效应对地区经济产生了正向作用，但前者的作用弱于后者；市场效应也表现出显著的负向影响；制度变迁效应大多也是通过资本渠道和技术渠道获得，而较少通过消费（市场）渠道产生。在中部地区，FDI 的资本效应和技术效应对地区经济产生了显著的正向影响；市场效应同样表现出外资商品对内资商品的挤出；制度变迁效应主要通过资本和消费（市场）渠道获得，而较少经由技术渠道产生。在西部地区，市场分割程度趋于恶化；三类效应（资本效应、技术效应、市场效应）的符号都为正，但这并不能肯定它们都对该地区经济具有长期积极影响，正向的市场效应可能与样本期内 FDI 因进入数量而产生的"鲶鱼效应"有关；制度变迁效应主要通过资本渠道获取，没有发现经由技术和消费（市场）渠道的制度变迁效应。

从分行业的检验结果看，行业分割指数在 19 个主要行业间表现出显著的差异性。农、林、牧、渔业等 9 个行业的分割指数符号为正，制造业等 10 个行业的分割指数符号为负；在 19 个行业中，FDI 的资本效应符号都为正，但显著性差异明显；技术效应在大多数行业也为正，但显著性差异同样明显；在 19 个行业经济中，FDI 的市场效应也表现出外资商品对内资商品的挤出；制度变迁效应大多通过资本渠道和技术渠道产生，而较少通过消费（市场）渠道产生。

从分企业所有制的检验结果看，市场分割指数系数都为负，但在国有企业的检验中不显著；FDI 的资本效应和技术效应在三类所有制企业中都产生了正向影响，但资本效应的符号在国有企业不显著，技术效应的符号在民营企业不显著；市场效应在国有企业显著为正，在其他两类企业中显著为负；FDI 的制度变迁效应主要体现在民营企业和混合企业中，而在国有企业不显著。

6 FDI 促进了中国经济的清洁增长吗

6.1 引 言

自改革开放以来，经过四十年的持续快速发展，中国经济取得了令世人瞩目的成就，人民生活水平得到了明显提高，综合国力显著提升，已经成为世界经济体系中不可或缺的一员。但是，中国经济在取得巨大成就的同时，其内部还存在着许多问题亟待解决，其中某些问题在历史沉积下业已成为阻碍中国持续稳定发展的桎梏，比如，FDI 促进中国经济持续快速增长过程中并存的腐败问题就被世人广为诟病。不可否认，在促进中国经济持续快速增长的过程中，外商直接投资（FDI）发挥了不可估量的作用，它对国内经济产生了直接而深刻的影响。但我们也看到，在"经济分权"和"政治晋升"的双重激励下，地方政府为了取得锦标赛胜利，纷纷给予外商"超国民待遇"，不断降低引资条件，盲目引资，甚至产生了对 FDI 的"依从"；同时，在特殊的制度安排下，政府官员在运用公权力谋求政治上的收益时，也表现出行为的纯自利性。即他们在追求政治晋升的同时，也具有追求"个人直接收入"（郭广珍，2009）的动机，存在利用公共权力谋取私利的行为（Shliefer，1993；Tanzi，2002）。

那么，引资竞争视角下，官员的行为将对 FDI 进入产生怎样的影响？进而对经济增长产生怎样的影响？换言之，FDI 与官员运用公权力谋取私利的腐败行为之间存在怎样的关系？进而腐败、FDI 对中国经济增长将产生怎样的影响？基于此，我们在第3.3节的基础上，借鉴前人的研究思路，将腐败、FDI、经济增长三者纳入统一的分析框架，建立联立方程计量模型，采用二阶段最小二乘法（2*SLS*）进行经验研究，以对命题3和命题4作出回答与解释。本章余下部分安排为：第6.2节是模型设定、变量度量及数据说明，主要是借鉴前人研究思路，建立由腐败、FDI、经济增长三者组成的联立方程计量模型，并对主要变量的指标度量和数据来源进行说明；第6.3节是计量检验与结果分析，主要利用中国 29 个省份 1994—2015 年的年度面板数据，采用二阶段最小二乘法（2*SLS*）估计方法，从全样本和东、中、西三个地区就腐败、FDI、经济增长三者间的关系进行实证检验；第6.4节是稳健性检验，主要通过变量替换和采用其他估计方法（SYS – GMM），对模型再次进行估计，以保证结论的有效性；第6.5节是本章小结。

6.2 模型设定、变量度量及数据说明

6.2.1 模型设定

本章借鉴 Habib 和 Zurawicki（2002）、Cole（2007）的研究方法和思路，基于中国 29 个省市自治区 1994—2015 年的年度面板数据，将腐败、FDI、经济增长三者纳入统一的分析框架，通过建立联立方程计量模型，以经验研究它们三者间相互的关系。联立方程的表达式如下

$$\begin{cases} CORR_{it} = \alpha_0 + \alpha_1 FDI_{it} + \alpha_2 Y_{it} + \alpha_3 CONT1_{it} + \psi_i + \omega_t + \varepsilon_{it} \\ FDI_{it} = \beta_0 + \beta_1 CORR_{it} + \beta_2 CORR_{it}^2 + \beta_3 Y_{it} + \beta_4 CONT2_{it} + \theta_i + \sigma_t + \eta_{it} \\ Y_{it} = \lambda_0 + \lambda_1 CORR_{it} + \lambda_2 FDI_{it} + \lambda_3 (CORR \times FDI)_{it} + \lambda_4 CONT3_{it} \\ \qquad + \rho_i + \varphi_t + \mu_{it} \end{cases}$$

$$(6 - 1)$$

其中，联立方程中的三个因变量 *CORR*、*FDI*、*Y* 分别表示腐败程度、外商

直接投资和产出，α、β、λ 为各方程的常数项及变量系数，$CONT1$、$CONT2$、$CONT3$ 为三个方程的控制变量，ψ，ω，θ，σ，ρ，φ 分别表示各方程的地区效应和时间效应，ε、η、μ 为各方程的随机误差项。同时，为了深入考察腐败与 FDI 的关系，以及腐败与 FDI 相互作用对经济增长的影响机理，将腐败的平方项（$CORR^2$）、腐败与 FDI 的交互项（$CORR \times FDI$）引入方程进行分析。

6.2.2 变量度量及数据说明

（1）被解释变量和解释变量

对于腐败程度（$CORR$）度量，已有文献主要包括两类：一类是利用调查问卷进行评价，比如透明国际（Transparency International）的国家清廉指数（Corruption Perceives Index，CPI）、世界银行的国际商业指数（Business International Index，BI）、国际国家风险指南（ICRG，International Country Risk Guide）等；另一类是通过司法机关或检察机关的腐败案件立案数量来度量。研究中，我们所关注的是中国各省域的情况，而第一类指标缺少该层次的数据，同时，第一类指标主观性较强，客观性不足，所得结论可能存在较大的偏差。基于此，我们借鉴周黎安和陶婧（2009）、Nie 和 Jia（2011）、Dong 和 Torgler（2013）的方法，以《中国检察年鉴》《中国法律年鉴》为基础，整理计算出各省份历年腐败案件的立案数量作为腐败程度的代理变量①，同时，为了消除政府的规模效应，我们最终用腐败案件数与各地区党政机关人数的比值来度量腐败程度。对于外商直接投资（FDI），它不仅表现出由沿海的点状分布向全国的网状发展的趋势，同时还具有空间上的区域集聚特征。因此，用各地区历年实际利用 FDI 的数额占全国实际利用总额的比值来度量。对于产出（Y），目前，中国区域经济表现出明显的不均衡发展特征，各地区的市场规模和消费潜力存在着巨

---

① 对于腐败案件，这里指的是贪污、受贿、挪用公款、巨额财产来源不明等罪项。同时，这里的案件数仅指"正式"发现的腐败问题，而没有考虑已经发生但未被发现和已经发现但未被立案的腐败案件。

大差异，其中的原因既受区域资源禀赋及条件差异的影响，同时也受国家区域政策的制约，用各省市区历年人均 GDP 度量（Sun et al., 2002；Habib 和 Zurawicki, 2002）。

（2）控制变量

对于第一个方程（以下称腐败方程）的控制变量（CONT1），主要选取以下指标度量：①人均受教育程度（PEDU），一般认为，民众接受的教育程度越高，他们对政府的公共服务水平、行政效率等有较高的要求，政府来自民众的监督力度较高，从而弱化了官员的自利行为。计算公式为

$$PEDU =（小学文化程度人数 \times 6 + 初中文化程度人数 \times 9 +$$
$$高中文化程度人数 \times 12 +$$
$$大专以上文化程度人数 \times 16）/ 地区人口总数 \qquad (6-2)$$

其中，数字 6、9、12、16 表示达到各学历要求的年限。

②居民收入差距（RIG），目前，中国居民收入呈现出不断扩大的发展趋势，改革开放的成果没有实现全体民众的共享，而是存在明显的阶层化集中的特点，处于优势阶层的个体，他们可能利用非法手段或方式，增加灰色收入，或者采取政策性手段，通过对其他阶层财富的"转移"，实现自身收入的增加，特别是手中握有权力的官员，此类收入可能是其总收入的重要来源（陈刚，2011；吴一平和芮萌 2013）。在指标度量上，利用莫亚琳和张志超（2011）的方法，通过计算反映各省市区居民收入不平等的基尼系数来度量。

对于第二个方程（以下称 FDI 区位选择方程）中的控制变量（CONT2），主要选取以下指标：①人均收入（PI），人均收入水平高的地区，存在着巨大的消费市场，能够吸引 FDI 的流入，在数据获取上，由于能够直接得到的是城镇居民可支配收入与农村居民纯收入，因此，我们利用下列公式计算得到各省市区的人均收入：

$$PI = 城镇居民可支配收入 \times（城镇居民人口数 / 地区总人数）$$
$$+ 农村居民纯收入 \times（1 - 城镇居民人口数 / 地区总人数）(6-3)$$

②对外开放水平（OPEN），某一地区的开放水平越高，说明它参与

世界经济活动的程度越深，市场化水平越高，"非市场"风险越小，从而提高了投资吸引力，用各地区当年的贸易出口额与 GDP 的比值度量。③政策支持水平（POLI），多年来，政府为了获得更多的外国资金到辖区投资，纷纷给予外资企业在土地使用、税收等方面的优惠政策，使其享受到"超国民待遇"，外国投资者在选择投资地时，对当地政府的支持力度更为关注，而政策支持水平可以较好地对其进行度量，因此，借鉴 Démurger et al.（2002）的方法，对各省区不同类型的开放区赋予不同的政策等级，然后进行累加，得到各地区总的政策支持水平指数①。

对于第三个方程（以下称产出方程）的控制变量（CONT3），主要选择以下几个指标：①人力资本（HUME），用各省市区人口受教育程度来衡量，借鉴王志鹏和李子奈（2004）的方法，将各类在校学生受教育程度分为职业初中（pri）、初级中学（mid）、高级中学（hig）、职业高中（sec）、高等学校（col），然后通过下列公式计算得到

$$HUME = \sum \left(\frac{pri}{pop} \times 9 + \frac{mid}{pop} \times 9 + \frac{hig}{pop} \times 12 + \frac{sec}{pop} \times 12 + \frac{col}{pop} \times 16 \right)$$

$$(6-4)$$

其中，pop 表示地区人口总数，9、12、16 表示达到不同教育程度所需要的年限。②劳动力资本（LABO），用各地区 15~64 岁人口数占当地人口总数的比值衡量。主要变量的相关情况见表 6-1。

表 6-1　　　　　　　　　主要变量的定义和符号

	变量	定义	符号
被解释变量和解释变量	腐败	腐败案件数与各地区党政机关人数的比值	CORR
	外商直接投资	各地区当年实际利用 FDI 的数额占全国实际利用总额的比值	FDI
	产出	各省市区历年人均 GDP 度量	Y

---

① 本章对各类开发区的赋值如下：1 代表沿江及内陆开放城市；2 代表国家级经济开发区或沿海开发区；3 代表沿海开放城市；4 代表六个国家级新区，即上海浦东新区、天津滨海新区、重庆两江新区、浙江舟山群岛新区、甘肃兰州新区、广东南沙新区；5 代表经济特区。

变量		定义	符号
控制变量	人均受教育程度	（小学文化程度人数 ×6 + 初中文化程度人数 ×9 + 高中文化程度人数 ×12 + 大专以上文化程度人数 ×16）/地区人口总数	*PEDU*
	居民收入差距	借鉴莫亚琳和张志超（2006）的方法估计	*RIG*
	人均收入	城城镇居民可支配收入 ×（城镇居民人口数/地区总人数）+ 农村居民纯收入 ×（1 – 城镇居民人口数/地区总人数）	*PI*
	对外开放水平	各地区当年的贸易出口额与 GDP 的比值	*OPEN*
	政策支持水平	借鉴 Démurger et al.（2002）的方法估计	*POLI*
	人力资本	利用公式（6 - 4）估计	*HUME*
	劳动力资本	各地区 15—64 岁人口数占当地人口总数的比值	*LABO*

需要说明是，对于方程中的控制变量，其影响因素众多而难以穷尽，因此，我们根据研究重点，并借鉴他人（Mankiw、Romer 和 Weil，1992；Habib 和 Zurawicki，2002；陈刚，2009）的研究成果进行了针对性的选取。其中数据如无说明，主要来自《中国检察年鉴》《中国法律年鉴》《中国统计年鉴》《中国人口统计年鉴》和中经网数据库，对于以货币计量的指标，利用居民消费物价指数进行平减，基期是 1994 年，同时，对方程中以绝对数出现的指标（产出、人均收入）通过取自然对数进行处理，个别数据缺失，用插值法补齐。29 个省市自治区中没有西藏的数据，并且为了保持数据的统一性，将重庆归并到四川内进行估计。主要变量的描述性统计如表 6 - 2 所示。

表 6 - 2　　　　　　　　**主要变量的统计性描述**

变量符号	样本数	均值	标准差	最小值	最大值
CORR	607	4. 128	2. 560	0. 815	60. 329
FDI	638	2. 417	5. 704	0. 016	28. 305
Y	638	0. 984	0. 713	0. 225	3. 498

续表

变量符号	样本数	均值	标准差	最小值	最大值
PEDU	638	7.591	2.556	5.412	12.983
RIG	638	0.367	0.212	0.391	0.608
PI	638	124.301	75.625	87.113	241.697
OPEN	638	4.134	10.550	0.076	18.031
POLI	638	3.596	0.609	1.000	8.000
HUME	638	0.934	0.279	0.412	1.797
LABO	638	74.930	5.087	67.021	81.364

6.3　计量检验与结果分析

对于联立方程模型（*SEM*），由于每个方程的自变量都包含着其他方程的内生变量，采用普通最小二乘法（*OLS*）估计将会导致结果产生偏误，因此，我们基于模型的阶条件和秩条件，采用二阶段最小二乘法（*2SLS*）进行估计。在利用 2*SLS* 进行估计之前，首先需要选择用固定效应模型还是随机效应模型，通过 Hausman 检验结果，决定选用随机效应模；其次，由于第二个方程不仅包括腐败的一次项，还包括它的平方项，因而在工具变量的选取上不能采用线性模型的选择方法而必须考虑腐败平方项对模型的影响。基于此，我们借鉴 Wooldridge（2001）的研究方法，利用腐败对所有外生变量估计得出的拟合值及其平方项的值作为工具变量。在估计的过程中，我们分别从全样本，东、中、西三个子样本和两个细分时间段（1994—2002 年和 2003—2015 年）进行估计，结果如表 6 - 3 至表 6 - 9 所示。

6.3.1　全样本检验

作为分析基准，我们先利用中国 29 个省市自治区 1994—2015 年的年度面板数据，基于二阶段最小二乘法（2*SLS*）对联立方程进行估计，结果见表 6 - 3。

对于腐败方程，从表 6-3 的结果看，FDI 的符号显著为正，产出的符号为负，但不显著，表明 FDI 流入恶化了中国国内的腐败形势，人均产值在总体上抑制着腐败趋势的进一步发展。对于 FDI 的结果，可能的原因是样本期内，地方政府为了快速发展辖区经济，官员为了获得政治晋升，展开了激烈的引资竞争，通过给予外企"超国民待遇"以吸引更多 FDI 流入，外商进入后，他们为了获得更多的"超国民待遇"，抑或是为了维护与政府的关系，存在通过行贿等非法方式来寻求权力庇护，而地方政府因自利动机存在与其"合谋"的潜在需求。当前中国正处于转型时期，地方政府在经济分权与政治垂直管理背景下，表现出对辖区事权与财权的不一致，在发展本地经济的过程中，内部资本跨区域的流动性差，因而表现出在资本诉求上对 FDI 的"依从"，FDI 在促进经济发展的同时具有政治投机的倾向，通过向权力靠近，或者帮助官员推进政绩的实现（政治捐献）来获取更多的"超国民待遇"资格，地方官员通过包括 FDI 在内的多种手段，以实现政绩的凸显，并通过公权力的私用，产生腐败行为。

对于 FDI 区位选择方程，从表 6-3 的结果看，无论是腐败的一次项，还是其平方项，它们的符号都通过了显著性检验，并且腐败的一次项符号为正，平方项的符号为负。这说明在样本期内，腐败程度与 FDI 的区位流动表现出明显的倒"U"形关系。中国政府长期以来都非常重视腐败治理工作，希冀通过采取积极主动的措施，使腐败形势不断好转，然而，由于特殊的制度安排，中国的腐败形势依旧严峻，滋生腐败的环境并没有彻底改变，腐败产生的方式日趋隐蔽而难以鉴别和监管，因此腐败治理还将是一项长期且艰巨的任务。从估计结果看，腐败的一次项系数显著为正，表现出腐败程度越重越有利于 FDI 流入的趋势，我们认为，这一结果既有中国特殊制度安排背景的反映，也是腐败与 FDI 关系的阶段性反映。目前中国的制度安排有待完善，还存在着为公权力私用提供"方便"的不足，地方官员通过公权力的私用，可能在实现私利的同时，也减少了流入 FDI 为实现"接地气"的综合成本，从而表现出腐败对 FDI 的"润滑效应"，但这并不意味着腐败是促进 FDI 流入的有利因素，而只是制度安排和特殊社会背景下的阶段性表现。这从腐败的平方项可以看出，其符号显著为负，表明腐败与 FDI 之间存在临界点，样本期内中国在总体上还处于倒"U"形曲线的前半部分。

表 6 - 3　　　　　　　　　　　　　全样本检验

腐败方程		FDI 区位选择方程		产出方程	
$CONS$	1. 174 ** (2. 21)	$CONS$	0. 509 ** (2. 17)	$CONS$	- 1. 805 *** (- 2. 95)
FDI	0. 120 ** (2. 30)	$CORR$	0. 207 ** (2. 38)	$CORR$	0. 051 ** (2. 33)
Y	- 0. 138 (- 1. 20)	$CORR^2$	- 0. 039 *** (- 3. 34)	FDI	0. 209 ** (2. 21)
$EDUC$	- 0. 303 ** (- 2. 34)	Y	0. 718 ** (2. 57)	$CORR \times FDI$	0. 040 (1. 57)
RIG	0. 225 ** (2. 19)	PI	0. 814 ** (2. 15)	$HUME$	0. 320 ** (2. 06)
		$OPEN$	0. 231 ** (2. 25)	$LABO$	0. 415 ** (2. 30)
		$POLI$	0. 504 ** (2. 22)		
$AD - R^2$	0. 741	$AD - R^2$	0. 783	$AD - R^2$	0. 756
$Sargan$ 统计量	1. 339 [0. 33]	$Sargan$ 统计量	1. 472 [0. 39]	$Sargan$ 统计量	1. 391 [0. 37]
N	607	N	638	N	638

注：a. 表中小括号内为 t 值，中括号内为 p 值。b. * 、* * 、* * * 分别表示在 10% 、5% 和 1% 水平上的显著性。

表 6 - 3 中，人均 GDP 的符号显著为正，说明它是促进外资流入的重要因素。地区的人均产值越大，则其市场容量、消费能力越大，FDI 流入能够产生更多更大的回报而大量流入。

对于产出方程，从表 6 - 3 的结果看，无论是腐败，还是外商直接投资，它们的符号都显著为正。对于腐败与产出的关系，我们认为其中可能的原因是中国目前处于社会转型时期，各种社会经济制度还不健全，社会管理中还存在一定的"人治"现象，官员利用公权力来谋取私利的同时，可能对经济活动的规则或壁垒产生了"润滑"，实现了资源的优化配置，提高了生产效率，形成了腐败的"润滑效应"和"增长效应"（Leff 和 Netto，1966；Braguinsky，1996）。我们认为，虽然表 6 - 3 的结果支持了腐败对于产出的积极性，但它同样不能支持腐败是促进社会经济发展的正向因素，相反，正是由于腐败的存在，它对经济成果进行了人为分割，阻碍了公平、公民社会的发展，之所以产生上述结果，与中国的制度安排、社会时期等具有密切关系，"润滑效应"和"增长效应"是制度安排下的非正常表现，是特定社会阶段的暂时性表现，不是促进产出增长的长期因素，更不是推进社会公平发展的积极因素。

对于 FDI，它对中国经济发展和社会进步产生了不可估量的影响，已经成为中国社会经济发展进程中的基础性驱动要素。为了分析腐败与 FDI 对中国经济的综合影响，我们将二者的交互项（$CORR \times FDI$）引入方程，从结果看，样本期内，它对产出的符号为正，但不显著。对于该交互项，其意义在于随着政府反腐败工作的强力推进，虽然中国的腐败程度在总体上不断改善，但它可能依旧阻碍了 FDI 经济效应的充分发挥。FDI 流入各地区后，地方政府可能将其作为实现表面化、短期化政绩的重要工具，存在向外企寻租的动机，外商为了获得"超国民待遇"或是出于权力庇护及关系维护，存在通过向政府靠近来减少经销过程中"非市场风险"的动力，同时，由于外企可能承担了地方政府赋予的政绩任务，难以完全按市场规则运行，经济效应不能充分发挥，并通过示范效应，可能对后期计划进入的 FDI 产生了吓阻效果，从而减少了地区的引资竞争力，因此，我们认为交互项表明腐败恶化了引资竞争力，弱化了 FDI 对流入地经济的正向作用，减弱了 FDI 经济效应的发挥。

6.3.2 分地区检验

由于中国各地区无论在自身资源禀赋、还是在国家政策支持等方面都存在较大差异,因而腐败、FDI、经济增长三者间的关系可能与全样本的估计结果不一致。为了深入研究它们三者在不同地区的具体表现和差异,我们先将全样本细分为东、中、西三个子样本,然后分别以腐败方程、FDI 区位选择方程、产出方程对三个地区进行分析,结果见表 6-4 至表 6-6。

表 6-4   腐败方程的分地区检验

	东部地区	中部地区	西部地区
CONS	0.633 **	0.843 **	1.308 **
	(2.14)	(2.27)	(2.32)
FDI	-0.230	0.127 **	0.175 **
	(-0.82)	(2.41)	(2.23)
Y	-0.163 *	0.108 **	0.093 **
	(-1.89)	(2.30)	(2.32)
EDUC	-0.3507 ***	-0.305 **	-0.358 ***
	(-3.64)	(-2.10)	(-3.41)
RIG	0.314 **	0.228 **	0.252 **
	(2.39)	(2.26)	(2.05)
$AD - R^2$	0.642	0.637	0.641
Sargan 统计量	1.372	1.328	1.337
	[0.30]	[0.31]	[0.36]
N	235	163	209

注:a. 表中小括号内为 t 值,中括号内为 p 值。b. *、* *、* * *分别表示在 10%、5% 和 1% 水平上的显著性。

从表 6-4 的估计结果看,对于分地区的腐败方程,无论是 FDI 还是人均产值,它们在三个地区都表现出一定的差异性。具体而言,FDI 和人均产值在东部地区的符号都为负,但二者在其他两个地区的符号都显著为正。

三个区域中,东部地区相对其余两个地区,无论在区域资源禀赋上,还是政策支持力度上都具有明显优势,这一地区既是 FDI 最先流入的区域,又是 FDI 区域集聚最强的地区,地方政府在与 FDI 企业长期交流与博弈的过程中,后者可能对前者产生了制度变迁效应,地方政府在"潜移默

"化"过程中提高了公共服务水平，强化了权力的公益性，削弱了权力私用的动力。或者是 FDI 虽然在整体上大多流入到本区域，但区域内仍旧存在激烈的引资竞争，各省域地方政府为了取得引资胜利，主动提高执政能力和服务水平，强化政府行为的公益性，打击权力腐败，优化引资环境，不断减少 FDI 流入过程中的人为阻碍。因此，对于东部地区，虽然 FDI 的符号不显著，但其依然表明随着 FDI 与本地社会经济的深入融合，它对辖区制度安排、政府职能转变及权力公用产生了积极影响，是促进地区经济市场化发展的有利因素。从人均产值看，它的符号显著为负，原因在于该地区经济发展水平高，人均收入及生活水平明显高于其他地区，地方财政收入高，政府官员能够充分享受到辖区经济增长带来的正外部性，腐败虽然能够带来大量私利，但具有巨大风险，并且一经发现就难以修复，因此这些地区的地方政府和官员在权力私用上动力相对不足。

对于中部和西部地区，FDI 和人均产值的符号都为正，其中的原因与区域经济发展水平、开放水平及制度安排等有直接关系。FDI 在区域分布上，经历了由东部的点状分布到全国网状发展的轨迹，虽然各省域间也存在激烈的引资竞争，但由于市场化水平不高，地方政府干预经济的动力强于东部地区，官员将权力私用的可能性更大，FDI 流入后，两者基于政治晋升与"超国民待遇"可能形成"合谋"，地方政府将 FDI 作为实现自身政绩的手段，FDI 企业为减少法律与制度约束，通过非正常方式主动向权力寻求庇护，从而滋生腐败。同时，中西部地区经济发展水平落后于东部地区，地方政府财政收入相对不足，甚至有些地方需要上级的转移支付来维系政府的正常运作，因此官员潜在的权力私用意识更容易被激发和使用，从而催生了腐败的发生、蔓延和恶化。

表 6 –5　　　　　　　　　**FDI 区位选择方程的分地区检验**

	东部地区	中部地区	西部地区
CONS	0.613 **	1.287 **	0.719 **
	（2.27）	（2.47）	（2.32）
CORR	− 0.230 *	0.117 **	0.245
	（− 1.91）	（2.20）	（1.36）

续表

	东部地区	中部地区	西部地区
$CORR^2$	- 0. 104 **	- 0. 142 **	- 0. 109 ***
	(- 2. 32)	(- 2. 18)	(- 3. 24)
Y	0. 419 **	0. 313 ***	0. 385 **
	(2. 16)	(3. 30)	(2. 30)
PI	0. 295	0. 317 **	0. 397 **
	(1. 41)	(2. 34)	(2. 36)
$OPEN$	0. 394 **	0. 225 **	0. 201
	(2. 34)	(2. 07)	(0. 98)
$POLI$	0. 498 ***	0. 507 ***	0. 339 ***
	(3. 11)	(3. 09)	(3. 43)
$AD - R^2$	0. 574	0. 550	0. 573
$Sargan$ 统计量	1. 294	1. 410	1. 375
	[0. 29]	[0. 30]	[0. 29]
N	242	176	220

注: a. 表中小括号内为 t 值，中括号内为 p 值。b. ＊、＊＊、＊＊＊分别表示在 10%、5% 和 1% 水平上的显著性。

从表 6 - 5 的结果看，对于 FDI 的区位选择，它在东、中、西三个地区也表现出一定的差异性，该差异主要是虽然腐败在三个地区都呈倒 "U" 形，但地区间腐败一次项的系数不同，即在东部地区，该变量系数显著为负，而中西两地区的符号为正，并且只有中部地区显著。

在东部地区，腐败的一次项和平方项的系数都显著为负，这既表明该区域腐败与 FDI 流入呈非线性影响，也表明该地区腐败已经成为阻碍 FDI流入的负面因素，腐败对 FDI 的 "润滑效应" 在该地区已经失去作用。对于东部地区，经过三十多年的发展，本地区良好的投资环境吸引了大量 FDI 流入，同时随着 FDI 类型在各区际间的调整，大量资源密集型 FDI 已经迁移到中西部地区，留在原区域的 FDI 大多是寻求技术、人力资本等因素的优质企业，它们大多来自欧美等发达经济体，对流入地的制度质量、市场化程度更加敏感。该区域地方政府在与外商博弈过程中，母国的制度因子将经由 FDI 对流入地政府产生"潜移默化"的影响,同时,在区内引资竞争压力下,地方政府也具有主动优化辖区制度质量的动力,因此,在样本期内,东部地区已经跨过了腐败"润滑效应"的临界点,进入制度质量与 FDI 流入正相关的区间。同时,东部地区人均产值高,市场规模大,居民消费能力强,从而促进了"市场导向"型 FDI 的流入。

在中西部地区,虽然腐败对 FDI 依旧呈倒"U"形,但却没有跨过"润滑效应"的临界点,表现出腐败促进了 FDI 流入的特征。对于中西部地区,无论是市场化程度、还是政府职能体制建设,与东部地区相比还有较大差距,这些地区虽然同样存在引资压力,但地方政府的传统治理意识还较为强烈,对经济活动的干预较大,官员利用公权力寻求私利的意识容易被激发,从而可能存在官员利用 FDI,通过政企"合谋"实现腐败目的。西部地区系数不显著,其中可能原因与该地区主要负责人多从外省市区"空降",而非从本辖区提拔有关。自中央政府实施"西部大开发"战略以来,国家不仅给予该地区政策支持、资金支持,同时通过将沿海或发达省份官员调任到西部任职,空降的主要负责人可能会将自己在沿海或发达地区的管理经验、执政理念带到新任地区,从而促进了该地区制度质量的提升。同时,中西部地区人均产值的符号都显著为正,表明它促进了 FDI 的流入,这些地区虽然人均产值落后于东部地区,但具有丰富的自然资源,在中国推进的产业转移背景下,大量资源密集型产业向中西部迁移,流入FDI 促进了该地区资源的利用和价值实现,不断增强的地区经济又吸引了更多的 FDI 流入,从而表现出正向影响。

表 6 – 6　　　　　　　　　产出方程的分地区检验

	东部地区	中部地区	西部地区
CONS	− 1.294 **	− 1.723 ***	− 1.108 *
	(− 2.19)	(− 3.12)	(− 1.87)
CORR	− 0.120 **	0.034	0.139 **
	(− 2.52)	(1.30)	(2.28)
FDI	0.205 **	0.185 **	0.236 **
	(2.34)	(2.33)	(2.41)

	东部地区	中部地区	西部地区
$CORR \times FDI$	-0.101^{**}	-0.023^{**}	0.121^{**}
	(-2.17)	(-2.29)	(2.36)
$HUME$	0.345^{**}	0.394^{**}	0.507^{**}
	(2.39)	(2.48)	(2.08)
$LABO$	0.208	0.214^{**}	0.171^{**}
	(1.25)	(2.25)	(2.40)
$AD - R^2$	0.569	0.583	0.574
$Sargan$ 统计量	1.392	1.385	1.372
	$[0.35]$	$[0.30]$	$[0.33]$
N	242	176	220

注：a. 表中小括号内为 t 值，中括号内为 p 值。b. ＊、＊＊、＊＊＊分别表示在 10%、5% 和 1% 水平上的显著性。

从表 6-6 的结果看，对于产出方程的分地区检验，腐败变量系数在东部地区的符号显著为负，在中西部地区的符号为正，但只有西部地区显著，表明腐败对地区经济产生的影响存在差异性。东部地区处于中国经济前沿，开放程度高，无论居民还是企业，他们对地区腐败更为敏感，对政府行政水平和效率具有较高要求，腐败将显著弱化居民、企业等对政府的信任，从而将对当地经济产生不利影响。作为中国经济的前沿地，自对外开放以来，东部地区最先分享到改革带来的政策红利，大量 FDI 流入该区域，为当地经济增长、技术进步等作出了重要贡献，经过多年的发展，引资竞争和产业结构调整与升级加速了 FDI 的跨区域流动，资源密集型、环境污染型外资企业大举向中西部省市区转移，进一步优化了东部地区的外资质量，从而推进了东部地区经济向"高质化、清洁化"方向发展。

对于中西部地区，在样本期内，腐败系数为正，表现出它对地区经济发展的"增长效应"。该结果的形成与中西部地区的经济发展现状、市场化进程及政府职能机制建设等因素有关。相比于东部地区，中西部地区市场化进程较慢，地方政府的传统执政理念相对明显，资源往往受制于政府权力的约束而难以经由市场进行公平透明的配置。因此，政府对社会经济发展还具有较强的干预力，经济主体在参与经济活动过程中，还存在较大并且隐蔽的人为障碍，为了减少此类阻碍，经济主体可能会通过非正常方式来提高效率，手段之一就是向官员行贿，受贿官员获得好处后，将明显提高行政效率，从而产生腐败的"润滑效应"和"增长效应"。但我们认为，中西部地区出现的上述结果并不能为腐败能促进产出提供支持，相反，这是制度机制还需要优化和完善的证据，官员利用公共权力来谋取私利将扭曲发展成果的全民共享，阻碍市场化进程，恶化民众与政府的关系，最终影响经济的长期发展，甚至对社会经济的正常秩序构成威胁。

为了分析腐败与外商直接投资二者共同作用对产出的影响，我们将它们的交互项（ $CORR \times FDI$ ）引入方程，从结果看，它在东、中部地区的符号为负，在西部地区为正，并且三个地区都显著，也呈现出地区间的差异性。我们认为，在东部地区，随着政府制度机制的完善，官员的执政理念及公共服务意识将不断提高，公权私用将不断弱化，腐败程度将不断降低，从而将进一步吸引优质 FDI 流入，其产生的经济效应将进一步促进地区经济发展、优化制度环境，形成三者间的良性互动。对于中部地区，与西部地区相比，腐败对地区经济的扭曲性影响不明显（腐败系数虽然为正但不显著），但 FDI 流入可能依然存在向权力寻求庇护的现象，外资企业在经销过程中仍存在较大的"非市场"成本及风险，进而对后面计划流入的 FDI 产生了吓阻作用，从而影响人均产值的提高。同时，在相近的制度环境下，由于中部地区在区域发展进程中存在明显的"中部塌陷"现象（张秀生和卫鹏鹏，2003；刘乃全、陶云和张学良，2006），引资竞争促使大量 FDI 跨过中部省份直接流向西部地区，从而也弱化了地区经济增长动力。对于西部地区，腐败对产出的"增长效应"更加明显，FDI 流入虽然存在"关系维护"或人为障碍等非市场成本，但由于该地区经济水平低，同时"西部大开发"战略下国家给予该区域许多优惠政策，使得流入的 FDI 不仅享受着本地区丰富的生产资源，同时还享受着巨大的政策红利，从而在整体上可能掩盖了腐败对经济增长的实质性影响，出现交互项对人均产值的正向作用。但也可能是，腐败在西部地区还处在倒"U"形曲线的前半段，它对 FDI 的流入还具有显著的"润滑效应"。因此，二者的交互项可以看作是经过"润滑"的 FDI 对地区经济增长的反映，即腐败降低了 FDI 进入该地区的综合成本，进而促进了地区经济增长，表现出腐败对西部地区经济的"增长效应"。即便如此，我们仍旧认为，该结果只是市场化进程缓慢，政府制度建设落后背景下腐败对经济发展的扭曲性表现，而非正常和本质反映。

6.3.3 分时期检验

在前面的检验中，我们利用中国 29 个省市区 1994—2015 年的数据，从全样本和分地区两个方面就腐败、FDI 与经济增长三者间的关系进行了分析，所得结论虽然较好地佐证了前文的命题，但它只反映了三者在地域上的差异性。根据高远（2009）、聂辉华和王梦琦（2014）等人的研究，认为腐败、FDI 与经济增长三者不仅存在地域上的差异性，还存在时间上的差异性。同时他们认为，后一种差异性产生的原因包括：公职人员腐败案件立案标准的调整，引资政策的调整以及区域发展战略的调整等。基于此，我们借鉴高远（2009）、聂辉华和王梦琦（2014）[254] 的划分方法，综合考虑反腐败的法律制度建设，中国引资政策的演进，经济增长与政治周期等因素，将 1994—2015 年进一步细分为两个时间段：1994—2002 年和 2003—2015 年，然后再从全样本和分地区两个方面对前文的命题进行检验，结果见表 6 - 7 至表 6 - 9。

表 6 - 7   分时期检验（全样本）

腐败方程			FDI 区位选择方程			产出方程		
变量	1994—2002	2003—2015	变量	1994—2002	2003—2015	变量	1994—2002	2003—2015
$CONS$	0.721 **	1.028 **	$CONS$	1.254 *	1.368 **	$CONS$	- 0.909 **	- 1.569
	(2.24)	(2.18)		(1.82)	(2.24)		(- 2.19)	(- 1.37)
FDI	0.121 **	0.135 **	$CORR$	0.230 **	0.561 **	$CORR$	0.124 **	0.085 **
	(2.14)	(2.27)		(2.18)	(2.33)		(2.22)	(2.37)
Y	- 0.539	- 0.298 **	$CORR^2$	- 0.029	- 0.031 **	FDI	0.421 **	0.264 **
	(- 1.33)	(- 2.31)		(- 1.32)	(- 2.31)		(2.13)	(2.30)

腐败方程			FDI 区位选择方程			产出方程		
变量	1994—2002	2003—2015	变量	1994—2002	2003—2015	变量	1994—2002	2003—2015
EDUC	−0.152*	−0.366**	*Y*	0.775**	0.512**	*CORR* ×	0.103**	0.258
	(−1.80)	(−2.57)		(2.26)	(2.16)	*FDI*	(2.36)	(1.55)
RIG	0.274**	0.361**	*PI*	0.693**	0.397**	*HUME*	0.714	0.862**
	(2.03)	(2.87)		(2.24)	(2.51)		(1.41)	(2.49)
			OPEN	0.297**	0.803*	*LABO*	0.426***	0.295**
				(2.54)	(1.82)		(3.37)	(2.02)
			POLI	0.437**	0.353**			
				(2.72)	(2.25)			
$AD - R^2$	0.662	0.654	$AD - R^2$	0.689	0.673	$AD - R^2$	0.653	0.641
Sargan 统计量	1.398	1.372	Sargan 统计量	1.394	1.389	Sargan 统计量	1.351	1.364
	[0.34]	[0.28]		[0.37]	[0.35]		[0.32]	[0.33]
N	244	363	*N*	261	377	*N*	261	377

注: a. 表中小括号内为 t 值, 中括号内为 p 值。b. *、**、***分别表示在 10%、5% 和 1% 水平上的显著性。

表 6-7 中, 腐败方程的关键变量在两个时间段的符号不一致, 而且绝大多数都通过了显著性检验。具体来看, FDI 在两个时间段的符号都显著为正, 人均产值的符号在两个时间段为负, 但只在后一个时间段显著。对于 FDI 的符号, 其结论表明外资进入后, 它在两个细分时间段内并没有对中国的腐败形势产生改善, 反而加剧了国内的腐败程度。这与中国当前的制度安排有着密切关联, 进入中国的外资普遍具有更高的效率, 但由于制度安排的缺失或不完善, 官员存在利用公共权力来谋取私利的空间, 表现之一就是官员通过增加审批程序和延长审批时间来加大 FDI 的进入成本。为了减少"时间税"抑或对未来非市场风险的考虑, 外资企业存在向官员支付"行贿税"的动力 (Rosa et al., 2010), 从而滋生出政企间的腐败。对于人均产值, 它在两个时间段的符号不一致, 其中的原因可能是在前一个时期, 人们更加关注生活条件的改善, 而对官员腐败表现出较大的容忍性; 或者公众在长期的现实中对腐败已经产生默认和适应, 从而表现出二者的正相关关系。在第二个时期, 随着人均产值的增加, 人们可能较为关注社会的公平正义, 腐败已

经成为提高公众生活质量的不相容要素，从而表现出负相关关系。

对于 FDI 区位选择方程，其关键变量在两个细分时间段的符号都表现一致，并且绝大多数都通过了显著性检验。在该方程中，腐败的一次项在两个时间段都显著为正，而它的平方项都为负，这进一步验证了前文的命题，即由于制度安排的缺失和不完善，腐败在一定程度上代替了市场交易，它与 FDI 存在相互强化的空间，表现出前者对后者的"润滑效应"。针对这一结果，我们的解释与前面的论述一致，即虽然腐败对 FDI 的流入具有正向作用，但这绝不应该成为支持腐败存在的借口。外资企业向官员支付"行贿税"的根本动机是为了减少"时间税"等非市场成本或是通过"关系维护"来获得更多的政策租金。显然，这种政企关系是不合理的，一方面它不利于国内所有企业的公平竞争，另一方面，这种政企关系可能产生企业生产成本的社会化分摊。比如，污染密集型外资企业通过向官员行贿来降低政府对自身的环境规制标准甚至扭曲环境政策，而不断加剧的环境污染则由全社会共同承担（李子豪和刘辉煌，2013）。因此，中国还需要进一步加快机制建设和完善制度安排，着力提高各类企业正当权益的法制保护，减少非市场因素对企业公平竞争的影响。同时，在 FDI 区位选择方程中，人均产值是促进外资流入的积极因素，这是由于人均产值越大，市场规模越大，该地区的消费潜力越大，从而增强了 FDI 流入的动力。

在产出方程中，腐败、FDI 在两个时间段的符号都显著为正，二者的交互项虽然也都为正，但只在前一个时期显著。这也说明即使分时期检验，腐败与 FDI 存在相互强化的关系，即腐败对 FDI 具有"润滑效应"，并通过 FDI 对中国经济产生了"增长效应"。但同样需要强调的是，该结论并不能成为腐败有利于中国经济发展（经济绩效）的借口，相反，这说明中国制度安排还不完善，腐败等非市场因素加大了企业的经销成本与风险；或者地方政府与外资企业在各自目标的驱使下形成了政企合谋，滋生出的腐败在一定程度上代替了市场交易。虽然该方式在短期促进了经济增长，但在长期它会扭曲经济发展的路径，恶化企业间的不公平竞争，最终对地区经济绩效产生负面影响（聂辉华和李金波，2006）。

表 6-8　分时期检验（按地区：1994—2002）

腐败方程

	东部地区	中部地区	西部地区
CONS	0.825** (2.07)	1.132** (2.25)	1.158** (2.91)
FDI	0.439* (1.83)	0.254** (2.10)	-0.297 (-1.41)
Y	0.291 (0.92)	0.365** (2.32)	0.198** (2.24)
EDUC	-1.354** (-2.30)	-1.302 (-1.17)	-0.952** (-2.11)
RIG	0.552** (2.01)	0.713** (2.32)	0.8534** (2.14)
$AD-R^2$	0.582	0.614	0.574
Sargan 统计量	1.339 [0.35]	1.387 [0.36]	1.354 [0.33]
N	99	70	86

FDI 区位选择方程

	东部地区	中部地区	西部地区
CONS	1.301** (2.26)	1.307** (2.33)	0.817* (1.89)
CORR	0.319 (1.20)	0.234** (2.20)	0.230** (2.21)
$CORR^2$	-0.131** (-2.31)	-0.147 (-1.05)	-0.139** (-2.20)
Y	1.154** (2.47)	0.317*** (3.14)	1.085 (0.81)
PI	1.307** (2.12)	0.586** (2.41)	0.318** (2.17)
OPEN	1.068** (2.66)	1.597** (2.19)	1.309** (2.78)
POLI	1.309** (2.54)	1.007** (2.25)	1.036*** (3.67)
$AD-R^2$	0.564	0.597	0.588
Sargan 统计量	1.372 [0.35]	1.383 [0.34]	1.371 [0.31]
N	99	72	90

产出方程

	东部地区	中部地区	西部地区
CONS	-0.513** (-2.30)	-0.543* (-1.86)	-0.631*** (-3.14)
CORR	0.153** (2.28)	0.101 (1.44)	-0.125 (-1.52)
FDI	1.117** (2.44)	1.303** (2.07)	0.240* (1.87)
$CORR \times FDI$	0.152** (2.33)	0.258** (2.23)	-0.124 (-1.31)
HUME	1.379** (3.58)	0.995** (2.53)	1.305 (0.77)
LABO	1.458** (2.82)	1.034** (2.09)	1.151** (2.19)
$AD-R^2$	0.571	0.621	0.587
Sargan 统计量	1.386 [0.35]	1.384 [0.32]	1.363 [0.33]
N	99	72	90

注：a. 表中小括号内为 t 值，中括号内的值为 p 值。b. *、**、*** 分别表示在 10%，5% 和 1% 水平上的显著性。

表6-9

分时期检验（按地区：2003—2015）

腐败方程

	东部地区	中部地区	西部地区
CONS	1.304 ** (2.11)	1.157 ** (2.15)	1.251 ** (2.51)
FDI	-0.283 (-1.26)	0.313 *** (3.04)	0.367 ** (2.02)
Y	-0.301 ** (-2.18)	0.263 ** (2.40)	0.209 (1.45)
EDUC	-1.205 ** (-2.15)	-1.364 ** (-2.92)	-0.714 ** (-2.71)
RIG	0.431 ** (2.27)	0.369 ** (2.19)	0.437 ** (2.36)
$AD-R^2$	0.583	0.564	0.620
Sargan 统计量	1.393 [0.36]	1.372 [0.32]	1.407 [0.31]
N	136	93	123

FDI 区位选择方程

	东部地区	中部地区	西部地区
CONS	1.306 ** (2.15)	1.520 ** (2.33)	1.074 ** (2.21)
CORR	-0.291 ** (-2.02)	0.506 ** (2.28)	-0.127 (-1.29)
$CORR^2$	-0.208 ** (-2.42)	-0.296 ** (-2.22)	-0.234 (-1.31)
Y	0.932 (0.77)	1.038 ** (2.41)	0.223 ** (2.08)
PI	1.325 ** (2.54)	0.959 * (1.83)	0.507 ** (2.45)
OPEN	1.053 ** (2.98)	0.761 *** (3.23)	0.977 ** (2.04)
POLI	0.118 (1.53)	1.124 ** (2.28)	1.002 ** (2.22)
$AD-R^2$	0.589	0.624	0.574
Sargan 统计量	1.365 [0.33]	1.345 [0.32]	1.386 [0.33]
N	143	104	130

产出方程

	东部地区	中部地区	西部地区
CONS	-1.050 ** (-2.26)	-1.034 ** (-2.28)	-1.236 ** (-2.35)
CORR	-0.724 ** (-2.29)	1.092 ** (2.45)	0.307 ** (2.34)
FDI	0.236 ** (2.07)	0.304 ** (4.11)	0.257 * (1.80)
$CORR \times FDI$	-0.212 ** (-2.71)	-0.264 ** (-2.44)	0.278 ** (2.11)
HUME	0.536 ** (2.23)	0.364 (1.30)	0.417 ** (2.53)
LABO	0.194 (1.25)	0.508 ** (2.19)	0.397 ** (2.02)
$AD-R^2$	0.591	0.581	0.586
Sargan 统计量	1.341 [0.33]	1.363 [0.30]	1.395 [0.34]
N	143	104	130

注：a. 表中小括号内为 t 值，中括号内的值为 p 值。b. *、**、*** 分别表示在 10%、5% 和 1% 水平上的显著性。

从表 6 – 8 和表 6 – 9 的结果看，在两个细分时间段内，三类方程关键变量的符号在各个地区表现出明显的变化和差异，但在总体上也佐证了前文命题的合理性。具体而言，在腐败方程中，FDI 的符号大多为正，表明 FDI 并没有改善中国的腐败状况，反而还有恶化的趋势。同时，腐败方程中，西部地区在前一时期和东部地区在后一时期的符号为负。我们对此的解释是：在西部地区，由于 FDI 进入的时间晚，金额少，使得最初进入的外资企业受到了地方政府的极大重视，外资企业在博弈过程中的议价优势明显。于是，在前一个时间段内，外资企业可能较少寻求权力庇护或者"关系维护"，更多地表现出地方政府对自身的"依从"。对于东部地区，它在第二个时间段内正进行产业结构调整与升级，边际性 FDI 大举向中西部迁移，留在区内的外资企业大多以知识、技术等战略性资源为生产要素，它们对投资环境敏感，地方政府为了吸引此类 FDI，存在主动改善行政效率和提高公共服务水平的动力，从而表现出腐败符号为负的结果。

在表 6 – 8 和表 6 – 9 的腐败方程中，人均产值的符号多数为正，反映出它恶化了腐败程度，这支持了 Braun 和 Tella（2004）、Sawleheen 和 Stansel（2007）等人的观点。他们认为二者正相关的原因与地区经济的自由度有关。在中西部地区，经济自由度不高，市场化水平低，资源配置大都经由政府之手实现，因此，腐败可能在一定程度上代替了市场交易，从而表现出二者的共生关系。对于东部地区，无论是经济自由化程度还是市场化程度都明显高于中西部地区，区内的经济活动大多通过市场交易实现，而较少经由政府之手，从而二者呈负相关关系（特别是在第二个时期）。

在细分时间段的 FDI 区位选择方程中，三个地区的腐败一次项系数在前一个时间段都为正，但在后一个时间段内，东部和西部地区的符号为负；同时，腐败的二次项系数在三个地区都为负，但显著性不一。这进一步佐证了前文有关腐败与 FDI 存在倒"U"形曲线关系的命题，而显著性不一致的原因可能是样本量较少所致。从表中的结论看，东部地区的腐败程度在后一时期已经跨过了它对 FDI 具有"润滑效应"的临界点，二者呈负相关关系。可能的原因是 FDI 进入后，其内含的制度因子在该地区产生了积极的制度变迁效应，经济活动主要通过市场交易实现，而较少寻求权力庇护；另一种可能是受产业转移影响，留在东部地区的 FDI 所具有的制度敏感性迫使地方政府提高行政效率与水平，从而促进了投资环境的改善。同时我们发现，相对于中部地区，西部地区的腐败改善程度更加明显，在总体上已经跨过了"润滑效应"的临界点（虽然不显著）。对于该结论，一个可能的解释是国家在实施"西部大开发"战略的过程中，充分借鉴了东部地区的开发经验，通过强化制度建设、主要官员从沿海省市调任等方式，有效改善了该地区的投资环境。对于人均产值与 FDI 的关系，二者在两个细分时期内都为正，再一次表明市场规模与消费潜力是 FDI 流入的积极因素。

在表 6 - 8 和表 6 - 9 的产出方程式中，腐败在东、西两个地区的符号不一致，东部地区的符号由前一时期的显著为正变为后一时期的显著为负，西部地区则由负（不显著）变为正（显著）；同时，FDI 的符号在两个时期的所有地区都为正。对此我们认为，东部地区作为中国对外开放的前沿，经过三十多年的发展，该地区的投资环境得到了显著改善，腐败已经成为影响地区经济增长的负面因素。在中西部地区，由于市场机制不完善，经济自由度低，市场交易规则不能充分发挥作用，这时官员的腐败行为可能减少了交易中的困难，提高了经济效率，从而表现出二者相互强化关系（Aidt et al.，2008）。同样，这并不意味着腐败是推动经济增长的积极要素，相反，它强调了"腐败式增长"的扭曲性。由于中西部地区的市场化水平低，经济自由度小，腐败在一定程度上取代了市场配置资源的作用，虽然它表现出对经济的"增长效应"，但在本质上它将扭曲市场经济体制的培育，恶化经济增长的路径，最终影响整体经济的长远健康发展（吴一平和芮萌，2010）。值得注意的是，表 6 - 8 中，西部地区的腐败系数符号为负，虽然不显著，但我们认为其中可能蕴含有特殊的意义。我们的推测是，对于该时间段的西部地区，制度环境的恶化程度已经低于实现经济增长的初始水平，公众对社会腐败已经形成了适应与漠视，社会经济在整体上处于"制度均衡陷阱"下的低水

平和恶性发展路径之中（吴一平和芮萌，2010；杨德才，2010）。表 6 -
8 和表 6 - 9 中，FDI 的符号强烈为正，这再次说明中国经济在实现长期
快速增长的过程中，外国直接投资作出了不容忽视的贡献，已经成为中
国经济增长的基础性驱动要素。

在表 6 - 8 和表 6 - 9 中，腐败与 FDI 的交互项（$CORR \times FDI$）系数
在细分时间段的三个地区都表现显著，但同时存在差异，在东中部地区，
交互项的符号由前一时间段的显著为正变成后一时间段的显著为负，而西
部地区与之相反，由前一时间段的负相关变成后一时间段的正相关。我们
认为这与各个地区的市场化程度、经济发展水平等有直接关系，由于 FDI
的符号在两个时期的所有地区都显著为正，那么交互项的符号差异可能更
多地由腐败决定。换言之，即使细分时间段后，腐败在 FDI 促进经济增长
的过程中也起到了强化作用，表现出它对经济的"增长效应"。其内在的
影响机理可能是，由于制度安排不完善，腐败在一定程度上代替了市场交
易，对 FDI 的流入产生了"润滑效应"，进而经过"润滑"的 FDI 促进了
经济增长。因此，中国的经济增长是非清洁型的，它是腐败与 FDI 相互强
化的结果。具体到三个地区，我们的解释如下：

作为 FDI 最先进入的东部地区，地方政府在与外资企业的长期博弈过
程中，辖区内的政府治理水平得到了明显提升。同时，在"西部大开发"
等区域经济发展战略背景下，FDI 出现了大量的区际转移，留在区内的
FDI 大多具有知识、技术密集型特征，它们对地方政府的行政效率、公共
服务水平等更为看重，从而迫使引资竞争下的地方政府需要不断优化辖区
制度环境，并且东部地区的经济发展水平和对外开放程度高，官员能够通
过合法渠道分享到经济发展成果，从而弱化了腐败行为的发生。因此，东
部地区在后一个时期的交互项为负，表明该地区市场机制的作用得到了进
一步增强，腐败对 FDI 已不再具有"润滑效应"，FDI 对经济增长的促进作
用具有更高的清洁性。

对于中部地区，虽然交互项的符号在两个时期也经历了由正到负的变
化，但其中的原因不同于东部地区。在两个时期中，腐败的符号都为正，

并且显著性进一步增强，说明它对中部地区经济的非清洁型增长作用在向着强化的方向发展。对此，一个可能的解释是，受国家非均衡发展战略的影响，中部地区遭受了"政策边缘化"或"政策凹地"的不平等对待，地方政府在相同的政绩考核标准下强化了对经济的不合理干预，从而导致了市场化进程的倒退和投资环境的恶化。FDI 虽然是促进经济增长的积极要素，但在该区域投资的非市场成本和风险大，因而大量 FDI 直接流向西部地区，产生了外资在区际流动过程中的"非梯度"转移。因此，交互项的符号变化可能佐证了"中部塌陷"现象的存在，它不仅影响了中部经济的市场化发展，而且其不断恶化的趋势对后来的 FDI 产生了"吓阻"，从而表现出二者综合作用后对经济增长的负向影响。

对于西部地区，交互项的符号由负变为显著为正。对此可能的原因是，在前一个时期，进入西部地区的 FDI 较少，虽然引资竞争使其成为地方政府的稀缺资源，但由于该地区的市场化水平低，腐败代替市场交易的程度超过了它与经济增长实现共生的阈值，投资环境处于恶性的"制度均衡陷阱"之中，FDI 的积极经济效应难以发挥作用，从而弱化了经济增长。在第二个时期，西部地区一方面受惠于国家政策支持，另一方面又获得了产业转移的机遇，大量 FDI 流入后打破了原有的"制度均衡陷阱"，推动了投资环境的改善。虽然腐败依旧存在，但它在总体上处于外国投资者能够"容忍"的范围内，从而表现出腐败对 FDI 的"润滑效应"，进而经过"润滑"的 FDI 促进了经济增长。因此，在后一时期，腐败与 FDI 具有相互强化的特征，正是由于它们的共同作用促进了西部地区经济的非清洁型增长。

6.4 稳健性检验

在联立方程中，腐败、FDI、经济增长之间存在相互影响关系，其双向影响关系可能导致估计结果有偏。为了保证检验结果的有效性，我们按照前文的顺序，分别从全样本、分地区和分时期三个方面对模型进行稳健性检验。在检验过程中，我们对关键变量的度量进行了替换，并采用了其他估计方法。具体而言，对于腐败程度（$CORR$），改用检察院每年立案侦查腐败案件中的涉案人数与公职人员数的比值来度量（Goel 和 Rich，1989；Glaeser 和 Saks，2006；Campante 和 Do，2013）；对于外商直接投资（FDI），借鉴联合国贸易发展会议（UNCTAD，2013）的方法，先分别计算出历年 FDI 流入中国的金额占全球 FDI 流入金额总数的比值，历年中国 GDP 占全球 GDP 的比值，然后用二者相除的比值来度量，对于该指标在各地区的计算，用各省份相关数据与全国数据计算获得；对于产出（Y），用中国（各省份）历年的 GDP 增长率来度量（高远，2009）。对于估计方法，采用第 5 章的系统广义矩估计（SYS – GMM）方法。所有以货币计量的指标都按人民币计，由于全球 GDP 是按现价计算的，为保持一致，中国的 GDP 也按现价计。同时，为了消除滞后性对估计结果的影响，被解释变量作滞后一期调整再进行估计，样本期为 1994—2015 年。

（1）全样本检验

与前文保持一致，我们先进行全样本检验，结果见表 6 – 10。从表中可以看到，除极少数关键变量的显著性变化外，所有变量的方向都与前面（表 6 – 3）的检验结果一致，说明我们前面利用二阶段最小二乘法（2SLS）估计的结果是稳健有效的。

值得注意的是，在对全样本的稳健性检验中，产出方程中的交互项（$CORR \times FDI$）较之前面的检验结果，它通过了显著性检验。我们认为该结果可能与样本数据的准确性有关，前文的检验中，由于个别数据缺失，我们利用插值法将其补齐，而此处我们在统一标准下得到了所有数据。因此，该结果并不能否定前面检验的有效性，而只是对某变量反映程度的补充。我们认为，样本期内，腐败与 FDI 相互作用后强化了它们对经济的"增长效应"，FDI 在流入的过程中经过腐败"润滑"后促进了中国经济的快速增长。因此，在样本期内，中国的经济在一定程度上存在"腐败式增长"的特征。

表 6 – 10   全样本检验

腐败方程		FDI 区位选择方程		产出方程	
$CONS$	1. 123 *	$CONS$	1. 367 *	$CONS$	– 1. 586 **
	(1. 81)		(1. 84)		(– 2. 33)
FDI	0. 307 *	$CORR$	0. 253 **	$CORR$	0. 143 **
	(1. 89)		(2. 23)		(2. 61)
Y	– 0. 307	$CORR^2$	– 0. 120 *	FDI	0. 322 **
	(– 0. 71)		(– 1. 93)		(2. 37)
$EDUC$	– 0. 209 *	Y	1. 362 **	$CORR \times FDI$	0. 114 *
	(– 1. 80)		(2. 36)		(1. 87)
RIG	0. 317 **	PI	1. 205 *	$HUME$	0. 658 **
	(2. 47)		(1. 72)		(2. 42)
		$OPEN$	0. 369 *	$LABO$	0. 645 ***
			(1. 78)		(3. 61)
		$POLI$	1. 397 **		
			(2. 53)		
$AD - R^2$	0. 732	$AD - R^2$	0. 768	$AD - R^2$	0. 716
$Sargan$ 统计量	1. 361 [0. 34]	$Sargan$ 统计量	1. 398 [0. 33]	$Sargan$ 统计量	1. 375 [0. 31]
N	638	N	638	N	638

注：a. 表中小括号内为 t 值，中括号内的值为 p 值。b. *、* *、* * * 分别表示在 10%、5% 和 1% 水平上的显著性。

（2）分地区检验

我们按照前面的划分标准，将全样本细分为东、中、西三个地区进行检验，结果见表 6 – 11。从表中，我们发现其与全样本一样，除极少数关键变量通过显著性检验外，所有变量的系数均没有发生方向上的改变，说明前面（表 6 – 4 至表 6 – 6）的检验结果具有稳健性。在稳健性检验中，中部地区产出方程中的腐败系数（ $CORR$ ）在 10% 的水平上具有显著性。我们认为，这只是受样本数据准确性影响而带来的误差，此处的检验结果是对前面估计的补充。该结果表明，在中部地区，腐败对地区经济增长具有"增长效应"，从而进一步说明中部地区的经济绩效具有"腐败式增长"的特征。

表 6-11　　分地区检验

腐败方程

	东部地区	中部地区	西部地区
CONS	1.207** (2.22)	1.159* (2.03)	1.315* (1.87)
FDI	-0.361 (-1.28)	0.150** (2.52)	0.319** (2.21)
Y	-0.254* (-1.84)	0.132** (2.35)	0.159** (2.41)
EDUC	-0.697** (-2.32)	-0.372* (-1.90)	-0.264 (-0.91)
RIG	0.401* (1.81)	0.335** (2.59)	0.317** (2.52)
$AD-R^2$	0.596	0.578	0.610
Sargan 统计量	1.387 [0.31]	1.345 [0.29]	1.397 [0.32]
N	242	176	220

FDI 区位选择方程

	东部地区	中部地区	西部地区
CONS	0.852** (2.12)	1.214** (2.28)	1.634** (2.33)
CORR	-0.204** (-2.11)	0.197* (1.94)	0.225 (1.02)
$CORR^2$	-0.126** (-2.30)	-0.178* (-1.79)	-0.104** (-2.40)
Y	0.251** (2.51)	0.362** (2.44)	0.297* (1.75)
PI	0.531 (1.59)	0.357* (1.78)	0.396** (2.22)
OPEN	0.226** (2.50)	0.346 (1.49)	0.341** (2.52)
POLI	0.274* (1.85)	0.232** (2.20)	0.225** (2.17)
$AD-R^2$	0.584	0.575	0.563
Sargan 统计量	1.354 [0.32]	1.368 [0.32]	1.271 [0.33]
N	242	176	220

产出方程

	东部地区	中部地区	西部地区
CONS	-1.314** (-2.31)	-2.154* (-1.81)	-1.273** (-2.44)
CORR	-0.143** (-2.17)	0.125* (1.91)	0.121** (2.32)
FDI	0.269** (2.50)	0.496** (1.92)	0.315** (2.35)
$CORR \times FDI$	-0.191** (-2.50)	-0.153** (-2.37)	0.174** (2.11)
HUME	0.394** (2.52)	0.274* (1.93)	0.314** (2.45)
LABO	0.361* (1.88)	0.517** (2.45)	0.256* (1.98)
$AD-R^2$	0.569	0.583	0.572
Sargan 统计量	1.341 [0.34]	1.321 [0.31]	1.370 [0.32]
N	242	176	220

注：a. 表中小括号内为 t 值，中括号内的值为 p 值。b. *、**、*** 分别表示在 10%、5% 和 1% 水平上的显著性。

（3）分时期检验

与前面的检验顺序保持一致，我们基于反腐败的法律制度建设，中国引资政策的演进，经济增长与政治周期等因素，并考虑政策的时滞性，先将样本期进一步细分为 1994—2002 年、2003—2015 年两个时间段，然后对全样本及东、中、西三个子样本进行稳健性检验，结果见表 6 - 12 至表 6 - 14。

表 6 - 12　　　　　　　　　分时期检验（全样本）

	腐败方程			FDI 区位选择方程			产出方程	
	1994—2002	2003—2015		1994—2002	2003—2015		1994—2002	2003—2015
$CONS$	0.623 ** (2.41)	0.715 ** (2.42)	$CONS$	0.638 ** (2.37)	0.582 ** (2.22)	$CONS$	- 0.821 ** (-2.30)	-1.412 ** (-2.29)
FDI	0.151 ** (2.12)	0.118 ** (2.43)	$CORR$	0.265 ** (2.45)	0.257 ** (2.49)	$CORR$	0.112 ** (2.39)	0.124 ** (2.55)
Y	- 0.261 ** (-2.25)	- 0.378 ** (-2.51)	$CORR^2$	-0.147 ** (-2.39)	-0.187 ** (-2.40)	FDI	0.432 ** (2.29)	0.337 ** (2.50)
$EDUC$	- 0.398 ** (-2.55)	- 0.268 ** (-2.43)	Y	0.360 ** (2.33)	0.253 * (1.87)	$CORR \times FDI$	0.119 ** (2.19)	0.142 ** (2.39)
RIG	0.419 ** (2.38)	0.560 ** (2.39)	PI	1.180 ** (2.81)	1.315 *** (3.17)	$HUME$	0.398 (1.41)	0.782 ** (2.60)
			$OPEN$	0.303 ** (2.02)	0.425 ** (2.77)	$LABO$	0.409 ** (2.22)	0.324 ** (2.52)
			$POLI$	1.360 ** (2.59)	1.117 ** (2.06)			
$AD - R^2$	0.621	0.659	$AD - R^2$	0.685	0.654	$AD - R^2$	0.617	0.642
$Sargan$ 统计量	1.343 [0.33]	1.342 [0.31]	$Sargan$ 统计量	1.384 [0.32]	1.363 [0.33]	$Sargan$ 统计量	1.395 [0.32]	1.331 [0.30]
N	261	377	N	261	377	N	261	377

注：a. 表中小括号内为 t 值，中括号内为 p 值。b. *、**、***分别表示在 10%、5% 和 1% 水平上的显著性。

从表 6 - 12 的检验结果看，两个细分时间段内，全样本各关键变量的符号与表 6 - 7 较好地保持了一致，这进一步强化了我们的分析结论，说明

表 6-13　　分时期检验（按地区：1994—2002）

腐败方程

	东部地区	中部地区	西部地区
CONS	0.314** (2.40)	0.852 (0.79)	0.614** (2.23)
FDI	0.834* (1.86)	0.608* (1.82)	-0.287 (-1.31)
Y	0.362** (2.24)	0.201*** (3.67)	0.258** (2.07)
EDUC	-1.321* (-1.72)	-0.874 (-1.34)	-1.002** (-2.32)
RIG	0.895 (1.34)	0.782** (2.31)	0.658** (2.27)
AD-R²	0.474	0.514	0.494
Sargan 统计量	1.323 [0.31]	1.373 [0.33]	1.352 [0.33]
N	99	72	90

FDI 区位选择方程

	东部地区	中部地区	西部地区
CONS	1.058** (2.72)	1.095** (2.48)	0.472** (2.03)
CORR	1.059 (1.37)	0.394** (2.45)	0.251** (2.21)
CORR²	-0.125** (-2.24)	-0.309 (-1.48)	-0.150** (-2.24)
Y	0.627 (1.38)	1.240** (2.02)	0.885 (1.44)
PI	1.152** (2.10)	0.748** (2.27)	1.159 (1.23)
OPEN	1.118** (2.12)	1.124*** (3.43)	1.251** (2.69)
POLI	1.365** (2.57)	0.758 (0.92)	1.080** (2.38)
AD-R²	0.483	0.495	0.472
Sargan 统计量	1.342 [0.30]	1.432 [0.37]	1.350 [0.32]
N	99	72	90

产出方程

	东部地区	中部地区	西部地区
CONS	-0.339** (-2.26)	-0.815** (-2.59)	-0.408** (-2.14)
CORR	0.329** (2.05)	0.264 (1.25)	-0.175 (-1.39)
FDI	1.051** (2.37)	0.707** (2.13)	0.231 (1.59)
CORR × FDI	0.287** (2.37)	0.191 (1.28)	-0.352** (-2.75)
HUME	0.557** (2.41)	0.423** (2.32)	0.576 (1.29)
LABO	0.639 (0.96)	0.717** (2.24)	1.320 (1.45)
AD-R²	0.451	0.476	0.471
Sargan 统计量	1.343 [0.32]	1.366 [0.31]	1.303 [0.32]
N	99	72	90

注：a. 表中小括号内的值为 t 值，中括号内的值为 p 值。b. *、**、***分别表示在 10%、5% 和 1% 水平上的显著性。

表6-14　分时期检验（按地区：2003—2015）

腐败方程

	东部地区	中部地区	西部地区
CONS	0.718* (1.93)	1.411** (2.23)	0.237* (1.89)
FDI	-0.452 (-1.19)	0.264** (2.55)	0.257** (2.53)
Y	-0.329** (-2.50)	0.397 (1.52)	0.374 (1.52)
EDUC	-0.493** (-2.04)	-0.532 (-1.49)	-0.587* (-1.84)
RIG	0.612 (1.20)	0.408** (2.26)	0.741** (2.52)
$AD-R^2$	0.492	0.521	0.507
Sargan 统计量	1.383 [0.31]	1.373 [0.32]	1.392 [0.33]
N	143	104	130

FDI 区位选择方程

	东部地区	中部地区	西部地区
CONS	1.218** (2.09)	0.732** (2.41)	0.740** (2.33)
CORR	-0.212** (-2.29)	0.267** (2.31)	-0.253 (-1.27)
$CORR^2$	-0.368 (-1.31)	-0.224** (-2.54)	-0.203 (-1.41)
Y	0.856 (1.47)	0.517** (2.34)	0.171** (2.21)
PI	0.540** (2.33)	0.432** (2.45)	0.364** (2.31)
OPEN	0.231** (2.52)	0.721 (1.39)	0.715** (2.36)
POLI	0.147 (1.52)	0.523*** (2.98)	0.528*** (3.03)
$AD-R^2$	0.485	0.534	0.476
Sargan 统计量	1.349 [0.32]	1.369 [0.34]	1.357 [0.31]
N	143	104	130

产出方程

	东部地区	中部地区	西部地区
CONS	-0.569** (-2.12)	-0.457** (-2.33)	-0.638** (-2.34)
CORR	-0.117** (-2.28)	0.360** (2.29)	0.261** (2.42)
FDI	0.378 (1.52)	0.541** (2.32)	0.451** (2.41)
$CORR \times FDI$	-0.323** (-2.18)	-1.058** (-2.49)	0.174** (2.61)
HUME	0.553* (1.82)	0.347 (1.26)	0.410 (1.49)
LABO	0.529 (1.40)	0.475** (2.29)	0.305** (2.32)
$AD-R^2$	0.463	0.504	0.471
Sargan 统计量	1.352 [0.32]	1.342 [0.30]	1.316 [0.32]
N	143	104	130

注：a. 表中小括号内为 t 值，中括号内的值为 p 值。b. *、**、***分别表示在10%、5%和1%水平上的显著性。

前面的检验有效。同时，我们发现全样本在后一个时期的交互项（ $CORR \times FDI$ ）表现出显著性，系数为 0.142。这实际上是对前面结论的进一步支持，表明中国经济虽然在该时期实现了快速增长，但这种增长模式是非清洁型的，由于制度安排不完善，经济活动还存在腐败代替市场交易的事实，腐败的"润滑效应"可能促进了 FDI 的流入，然后经过"润滑"的 FDI 促进了中国经济的快速增长，表现出腐败与 FDI 相互强化作用下的"增长效应"，从而中国经济具有"腐败式增长"的特征。

从表 6-13 和表 6-14 的检验结果看，东、中、西三个地区关键变量的符号与表 6-8 和表 6-9 保持一致，这再一次说明我们的检验结论是有效的。同时，由于我们只能获得省际数据，细分时期后按地区检验导致了样本数的不足，采用系统广义矩估计（SYS-GMM）方法导致了变量标准误的上升，从而可能造成了判断系数和某些变量显著性的下降，但这不会对结论的判断和分析产生实质影响。

6.5　本章小结

本章利用中国 29 个省际 1994—2015 年面板数据，借鉴 Habib 和 Zurawicki（2002）、Cole（2007）[237] 的研究方法，将腐败、FDI 与区域经济增长纳入统一分析框架，通过建立联立方程的计量模型，采用二阶段最小二乘法（2SLS）就引资竞争背景下中国的腐败、FDI 区域流动与地区经济增长三者间的关系从全样本、分地区和分时期等三个方面进行了分析。主要的结论包括：

从全样本的检验结果看，引资竞争背景下 FDI 流入在整体上可能恶化了中国的腐败程度。外国投资者存在与地方政府"合谋"的倾向，前者试图通过向权力靠近，以寻求更多的"超国民待遇"资格，并通过向后者"政治捐献"，以获得更多的权力庇护，后者试图利用引入更多的 FDI 来实现表面化、短期化的政绩，从而产生了政企合谋下的腐败。随着人均产值的增加，它在总体上抑制了腐败的进一步恶化。腐败与 FDI 流入存在倒

"U"形关系，并且在总体上二者目前还处于前半阶段，表现出腐败对 FDI 流动的"润滑效应"。同时，样本期内的产出符号显著为正，表现出它对 FDI 流入具有促进作用。在产出方程中，无论是腐败还是 FDI，二者的符号都显著为正，表现出腐败在总体上对产出具有"增长效应"。腐败与外商直接投资的交互项（$CORR \times FDI$）在总体上弱化了 FDI 的经济效应，进而削弱了产出的增长潜力。

在分地区的检验中，主要变量表现出明显的地区差异性。从腐败方程看，相对于中西部地区，FDI 流入东部地区对抑制该地区的腐败具有积极意义，FDI 内含的母国制度要素优化了该地区的制度环境和提高了地方政府的公共服务水平，与东部地区相比，FDI 进入中西部地区都存在寻求权力庇护和"关系维护"的动机，从而恶化了地区的腐败程度。同时，人均产值对腐败具有抑制作用。从 FDI 区位选择方程看，腐败与 FDI 仍然存在倒"U"形关系，但存在显著的地区差异，对于中西部地区，二者还处于倒"U"形的前半阶段，表现出腐败对 FDI 流入具有"润滑效应"，并且相对于西部地区，该效应在中部地区更加明显，对于东部地区，腐败已经越过了对 FDI 流入具有"润滑效应"的临界点，制度环境的改善已经成为东部地区吸引优质 FDI 的重要因素。同时，人均产值对 FDI 的流入具有促进作用。从产出方程看，腐败的符号在东部地区显著为负，在中西部地区为正，但只在西部地区表现显著性；FDI 的符号都显著为正；二者交互项（$CORR \times FDI$）的符号在东、中两个地区为负，在西部地区为正，而且都显著。表明在东部地区制度环境已经成为吸引优质 FDI 的重要因素，不断完善的制度安排弱化了该地区的腐败程度，从而产生了腐败与产出的反"增长效应"；在中、西部地区，腐败对 FDI 的"润滑效应"可能促进了外资的流入，二者相互强化后推动了地区经济增长。因而中、西部地区经济具有更加明显的"腐败式增长"特征。

从全样本的分时期检验结果看，腐败方程中 FDI 的符号在两个时间段都显著为正，人均产值的符号都为负，但只在后一个时间段显著，表明 FDI 流入并没有对中国的腐败形势产生改善，反而可能进一步加剧了腐败程度，而人均产值在总体上抑制了腐败程度的进一步恶化。在 FDI 区位选择方程中，腐败与 FDI 的倒"U"形关系依旧成立，前者对后者在总体上还具有"润滑效应"；人均产值的符号都显著为正，表明它在两个时间段内都是促进 FDI 流入的积极因素。在产出方程中，腐败、FDI 在两个时间段的符号都显著为正，二者的交互项（$CORR \times FDI$）虽然也都为正，但只在前一个时期显著，表明腐败与 FDI 确实存在相互强化的关系，腐败通过对 FDI 产生"润滑效应"，进而对中国经济表现出"增长效应"，中国经济具有"腐败式增长"的特征，但该特征在总体上已经趋于弱化。

从三个地区的分时期检验结果看，腐败方程中 FDI 的符号在两个时间段内大多为正，但西部地区在前一时期和东部地区在后一时期的符号为负，表明 FDI 流入并没有对腐败状况产生改善，但同时存在地区差异；人均产值的符号在中西部地区多数为正，表现出它恶化了腐败程度。FDI 区位选择方程中，三个地区的腐败一次项系数在前一个时间段都为正，但在后一个时间段内，东部和西部地区的符号为负，同时，腐败的二次项系数在三个地区都为负，但显著性不一，这一方面表明腐败与 FDI 具有倒"U"形关系的命题成立，另一方面也说明东西部地区制度环境的改善速度快于中部地区；人均产值的符号在两个细分时间段都为正，表明它在三个地区都是促进 FDI 流入的积极因素。产出方程中，腐败的符号存在显著的地区差异，东部地区的符号由前一时期的显著为正变为后一时期的显著为负，西部地区则由负（不显著）变为正（显著），而 FDI 的符号在三个地区都为正。腐败与 FDI 的交互项（$CORR \times FDI$）系数在三个地区都表现显著，但同时存在差异，在东中部地区，交互项的符号由前一时间段的显著为正变成后一时间段的显著为负，而西部地区与之相反，由前一时间段的负相关变成后一时间段的正相关，表明腐败在 FDI 促进经济增长的过程中起到了强化作用，中国的经济增长是腐败与 FDI 相互强化后的"腐败式增长"（特别是中西部地区）。

156

7   结论与展望

7.1   主要结论、政策含义与创新点

作为对外开放的重要组成部分，引进外资被视为缓解内资短缺、推动技术创新和促进经济增长的重要手段。在过去的 30 多年中，中国凭借丰富的资源和优厚的政策条件，吸引了大量外商直接投资（FDI）流入，它们有力地促进了中国资本、技术等要素市场的发展，提高了国内企业的生产效率，加速了国内经济的市场化进程以及提升了政府的行政效率和公共服务水平。但与此同时，中国转型时期的制度安排扭曲了地方政府的引资行为，"经济分权"和"政治晋升"的双重激励弱化了地方政府引资行为的理性和公益性，强化了政府官员行为的自利性。以利润最大化为根本目标的 FDI 在与地方政府博弈的过程中，要么利用议价优势迫使地方政府不断提高自身的"超国民待遇"，要么利用行贿等非法手段来规避法律或政策约束，从而导致外资企业对地方政府的"俘获"或二者的合谋，最终造成了国民福利水平的整体下降，行业经济的恶性竞争，具有所有制优势的企业对市场的"寡占"等。因此，本书尝试构建一个"引资竞争视角下 FDI 影响中国经济绩效"的一般性理论分析框架，就其产生的上述现象提供一个恰当的逻辑解释。在该框架中，我们首先从地方政府的引资竞争行为出发，分析赢得竞争地区的收益（FDI 的经济效应）变动情况；接下来立足于 FDI 在促进中国经济持续快速增长过程中并存的腐败现象，重点从腐败

和经济增长两个角度，分别就腐败与 FDI 的关系，FDI 与经济增长的关系进行了分析，从而给出一个有关"引资竞争视角下 FDI 影响中国经济绩效"问题的更为科学合理的解释。通过研究，希冀所得结论能够对中国今后的引资和用资提供参考和借鉴，其主要结论、蕴含的政策意义和可能存在的边际贡献分列如下。

7.1.1　主要结论

（1）在关于 FDI 经济效应的全样本检验中，样本期内的市场分割指数符号为负，中国经济的市场化程度正逐步提高。FDI 在中国产生了显著的资本效应、技术效应、市场效应和制度效应，但四类效应对中国经济的发展方向表现出明显差异。具体而言，FDI 的资本效应和技术效应对缓解中国资本短缺和提升国内企业技术水平具有积极作用；市场效应更多地表现出对中国经济的负面影响，FDI 对国内市场越来越强的影响力加大了内外资企业的竞争差距，外资商品对内资商品产生了市场攫取效应；FDI 进入对中国经济产生的制度变迁效应在总体上具有积极作用，它弱化了地方政府的传统治理理念，其内含的母国制度属性对进入地政府产生了"潜移默化"的影响，促进了政府公共服务水平和行政效率的提高。但同时，FDI 的制度变迁效应更多的是通过资本渠道和技术渠道产生的，而通过消费（市场）渠道没有产生显著的制度变迁效应。

（2）在关于 FDI 经济效应的分地区检验中，关键变量在东、中、西三个地区都表现出明显的差异性。具体而言，在东部地区，市场分割指数的符号显著为负，中国经济的市场化倾向在该地区更加明显；FDI 的资本效应和技术效应对地区经济产生了正向影响，但资本效应的影响力弱于技术效应；FDI 的市场效应表现出显著的负向影响，外资商品对内资商品的挤出效应明显；FDI 的制度变迁效应大多也是通过资本渠道和技术渠道产生的，通过消费（市场）渠道没有产生明显的制度变迁效应。在中部地区，市场分割指数不再具有一致性，地方政府的引资竞争可能加剧了市场分割，区域经济具有"诸侯经济"特征；与东部地区一样，FDI 的资本效应

158

和技术效应对中部地区经济具有显著的正向影响,而市场效应更多地表现出负向影响;与东部地区不同,FDI 在中部地区产生的制度变迁效应主要通过资本和消费(市场)渠道产生,而通过技术渠道没有产生明显的制度变迁效应。在西部地区,市场分割指数的符号大多数为正,引资竞争加剧了地方政府对辖区市场的控制,市场分割程度趋于恶化;三类效应(资本效应、技术效应、市场效应)的符号都为正,但这并不能肯定它们都对西部地区经济具有长期积极影响,市场效应体现出的正向影响可能与样本期内 FDI 进入西部地区数量少有关,它对该地区市场可能产生了暂时性的"鲶鱼效应";FDI 在西部地区的制度变迁效应主要通过资本渠道产生,但由于 FDI 进入西部地区的时间相对较短,制度变迁效应可能不是其母国制度属性对地方政府的"潜移默化",而是处于引资竞争劣势地位的地方政府对外商的"依从"所作出的被动改进;FDI 通过技术和消费(市场)渠道在西部地区没有产生明显的制度变迁效应,相反,外国投资者在该地区可能存在与地方政府"合谋"的动机,地方政府利用 FDI 来获取政绩,外国投资者则利用政府之手来谋取"制度暴利"。

(3)在关于 FDI 经济效应的分行业检验中,行业分割指数在 19 个主要行业间表现出显著差异性。农、林、牧、渔业等 9 个行业的分割指数符号为正,其原因是大多数行业具有公共产品属性和自然垄断特征,从而决定了它们的行业发展方向,而采掘业、建筑业和房地产业的行业分割指数为正的原因可能是锦标赛竞争背景下,政府的自利行为造成了它们的扭曲发展;制造业等 10 个行业的分割指数符号为负,行业经济正向着市场化方向发展,"所有制垄断"或"行政垄断"的特征在这些行业不明显。FDI 的三类效应(资本效应、技术效应、市场效应)在 19 个行业中存在明显差异。具体而言,FDI 的资本效应在 19 个行业中的符号都为正,但显著性差异明显;FDI 的技术效应在大多数行业也为正,但它在建筑业的技术效应为负,可能原因与外来技术在中国的"水土不服"有关,它在教育业的技术效应符号为负,可能与中国的教育理念、模式及政治制度安排有关;FDI 的市场效应主要表现在外资对行业的控制力上,受行业属性和特征影响，对禁止或限制 FDI 进入的行业，它们对其市场效应不敏感，对允许 FDI 进入的行业，外资商品存在对内资商品的市场挤出（攫取）效应；FDI 在 19 个行业中的制度变迁效应也存在明显差异性，这种差异性与行业属性和特征有关，对禁止或限制 FDI 进入的行业，FDI 内含的母国制度因子难以对其产生影响，而对允许 FDI 进入"所有制垄断"的行业，它存在与政府"共同盈利"的动机。

（4）在关于 FDI 经济效应的分企业检验中，引资竞争促进了内资企业生产效率的提升，市场分割指数系数都为负，但相对于民营企业和混合企业，国有企业的市场分割指数系数不显著。FDI 的三类效应（资本效应、技术效应、市场效应）在不同所有制企业表现出差异性。具体而言，FDI 的资本效应和技术效应对三类企业都有正向影响，但对国有企业的影响力弱于其他两类企业；FDI 的技术效应对民营企业虽然有正向影响但不显著，这可能与制度安排下 FDI 进入不同所有制企业的动力有关；FDI 的市场效应对国有企业有正向影响，但对其他两类企业有显著的负向影响，可能原因是 FDI 进入国有企业后，二者基于"共同盈利"而形成了"合谋"，对其他类型企业产生了挤出效应，从而形成了市场"寡占"；FDI 的制度变迁效应主要产生在民营企业和混合企业中，外资进入国有企业后，"共同盈利"的动机强化了国有企业的所有制优势，FDI 的制度属性可能在该类企业中难以发挥作用。

（5）在关于腐败、FDI、经济增长的全样本检验中，引资竞争背景下 FDI 流入在整体上可能恶化了中国的腐败程度。FDI 进入中国后，它们存在与地方政府"合谋"的动机，地方政府利用 FDI 来实现政绩，外国投资者通过"政治捐献"或"关系维护"来寻求"超国民待遇"或权力庇护，从而滋生出二者间的腐败行为；人均产值的符号为负，其在总体上有助于腐败形势的改善；腐败与 FDI 具有倒"U"形关系，并且样本期内，二者在总体上还处于前半阶段，表现出腐败对 FDI 的"润滑效应"；腐败、FDI 以及二者的交互项（$CORR \times FDI$）对产出都具有正向影响，表明中国的经济绩效在总体上具有"腐败式增长"的特征。

（6）在关于腐败、FDI、经济增长的分地区检验中，关键变量在三个地区表现出显著的差异性。具体而言，在腐败方程中，FDI 和人均产值在东部地区为负，但二者在其他两个地区都显著为正，表明相对于中、西部两个地区，FDI 对东部地区的腐败形势具有改善作用，同时，东部地区官员分享到了经济增长的成果，弱化了他们用公权谋取私利的动力；中、西部地区政府和官员存在更强的利用外资追求政绩和"个人直接收入"的动机，外资更容易形成与其"合谋"，从而催生了腐败的发生、蔓延和恶化。在 FDI 区位选择方程中，腐败与 FDI 在三个地区都具有倒"U"形关系，但在东部地区，腐败已经越过了对 FDI 具有"润滑效应"的临界点，二者处于倒"U"形曲线的后半段，中、西部两个地区还处于倒"U"形曲线的前半段，表现出腐败对 FDI 的"润滑效应"，同时，人均产值的符号在三个地区都显著为正，表现出它对 FDI 流入的促进作用；在产出方程中，腐败指标的符号在东部地区为负，在其他两个地区为正，FDI 的符号在三个地区都为正，二者的交互项（$CORR \times FDI$）在东、中两个地区为负，在西部地区为正，表明腐败在东部地区已经阻碍了经济增长，但在其他两个地区还具有"增长效应"，FDI 是促进中国经济绩效提升的重要因素，同时，FDI 经过腐败"润滑"后，促进了中西部地区经济增长，从而使得中西部地区经济具有"腐败式增长"的特征。

（7）在关于腐败、FDI、经济增长的分时期检验中，无论是全样本还是东、中、西三个地区，腐败方程中 FDI 的符号在两个时间段大多为正，表明 FDI 流入并没有对中国的腐败形势产生改善，反而可能进一步加剧了腐败程度（特别是中西部地区），这是由于制度安排不完善，官员具有公权私用的条件，外国投资者都为了减少非市场风险，存在寻求权力庇护的需求；受地区市场化水平及经济自由度影响，人均产值表现出样本间的显著差异性。在 FDI 区位选择方程中，腐败与 FDI 存在倒"U"形关系，表现出腐败对 FDI 具有"润滑效应"，并且随着市场机制的不断完善，该效应正趋于弱化，在东部地区的后一个时间段内，腐败已经跨过了对 FDI 具有"润滑效应"的临界点，表现出二者的负相关关系；人均产值的符号都为正，表明它在两个时间段内都是促进 FDI 流入的积极因素。在产出方程中，腐败的符号存在样本差异，FDI 的符号保持一致（正相关），二者的交互项（ $CORR \times FDI$ ）在全样本中都为正，但只有前一个时间段表现显著，而在三个地区表现出显著的差异性，在东中部地区，交互项的符号由前一时间段的显著为正变成后一时间段的显著为负，而西部地区与之相反，由前一时间段的负相关变成后一时间段的正相关，表明腐败与 FDI 在总体上确实存在相互强化的关系，腐败通过对 FDI 产生"润滑效应"，进而对中国经济产生"增长效应"，中国经济具有"腐败式增长"的特征（特别是中西部地区），同时该特征已经趋于弱化（东部地区）。

7.1.2 政策含义

通过研究，本书认为要提高 FDI 进入带来的正向经济效应，实现中国经济绩效的整体性提高，不仅需要进一步优化和完善中央政府对地方政府的政绩考核体系，规范其引资行为，防止地方政府因政绩而对流入外资产生"依从"，防止政府官员利用公权力谋取私利，还需要将地方政府的引资行为与各地区的经济现状和特征结合起来，通过差异化的引资策略，实现 FDI 经济效应在各区域的最大程度发挥。同时，要不断提高本土企业的学习和模仿能力，增强对 FDI 经济（溢出）效应的吸收，通过内资企业技术水平和生产率的提高，推动中国行业（产业）经济向价值链高端方向发展，最终推动中国经济的内生性增长。结合本书的结论，具体的政策含义包括：

（1）从地方政府的引资行为看，中国的引资政策重点应该以调整和优化地方政府引资行为为核心，以消除资本与权力的"合谋"。地方政府在"经济分权"和"政治晋升"的双重激励下，展开了激烈的以 FDI 为目标的引资竞争，外国投资者与地方政府在博弈过程中，要么出于双方议价地位的不对等，要么出于关系维护和寻求权力庇护，产生了外资企业对地方政府的"俘获"，或者外资企业和地方政府基于各自最大化利益而相互利用，产生了外资商品对地区市场的"寡占"和政府官员的公权私用，最终影响了国民经济的协调发展和经济绩效的整体提高。要消除引资竞争背景下 FDI 进入产生的上述影响，关键在于调整和优化中央政府对地方政府的激励机制，规范地方政府的引资行为。具体而言，可以从以下方面改进：一是完善中央政府对地方政府的政绩考核制度，对官员的政绩建立长期性预期机制，弱化他们追求短期化、表面化的目标动机，推进官员的引资行为向着促进辖区经济持续协调发展，更加关注辖区国民福利的整体提升等方向上转变，弱化其行为的自利性；二是规范不同地区的引资竞争行为，调整优化各省市的引资政策，并对各个区域的引资政策进行备案，对于地方政府的引资行为要依据相关政策实时进行核查，对其越过国家政策的引资行为进行惩处，规范地方政府对外资企业给予优惠政策的权限；三是推进服务型政府职能体制建设，将地方政府引资行为从利用辖区资源转变到利用不断提高的区域制度环境、市场环境、金融环境等方向上来，为辖区企业营造平等的发展环境，并为其正常的经营活动提供法律制度保障；加快中国市场经济制度建设，推动企业更多地依靠市场而非权力之手来配置资源，坚决杜绝资本与权力的"合谋"，提高反腐力度，惩处投资者借用权力之手规避法律或政策的行为，逐步消除腐败对 FDI 的"润滑效应"及对经济绩效的"增长效应"。

（2）从整体上看，中国的引资政策重点应该以完善制度安排为核心，以提高中国今后引资的"拉力"。在 FDI 全球流动的背景下，中国具有的要素禀赋是促进其流入的重要因素，但同时，随着 FDI 流入中国的类型正逐步从自然资源密集型、劳动密集型向资本密集型、技术密集型、知识密集型转变，它们对中国的制度安排更加敏感，倾向于流向市场化程度高、政府行政效率高，企业经销活动按"市场"规则运行的地区。因此，中国接下来要想吸引更多的优质 FDI 流入，就必须要靠好的制度安排来实现。这就要求在继续深入推进经济体制改革的同时，大力推进政治体制改革，进一步优化中央政府对地方政府经济分权的权限设置，强化政治垂直管理体制下地方政府发展辖区经济过程中角色的中性和公益性，坚决防止地方政府在引资和用资过程中通过与外资企业"合谋"来"共同盈利"；加快法律制度建设，特别是推进民营经济财产保护的法律制度建设，着力推进市场在资源配置中起决定性作用的机制建设，减少政府之手对资源的不合理分配而造成的价格扭曲和资源浪费；推进全国统一市场建设，阻止地方政府因"经济分权"和"政治晋升"带来的市场分割，防止区域经济"条块化"和不同所有制企业"主从化"，平等对待各类企业在市场中的经营活动，维护其合法权益；基于平等合作、公开竞争、互利共赢的原则，进一步完善外资企业与内资企业有效合作的机制建设，为外国投资者的在华经济活动营造公平、安全的投资环境，促进内外资企业在中国境内的有序发展；不断完善政府官员监督机制，保证权力运用的公益性，加大反腐力度，推进反腐的制度建设，坚决杜绝官员利用公权力向企业提供权力庇护而从中获取"个人直接收入"。总之，对于处于转型时期的中国而言，制度质量已经成为外国投资者进行区位选择的重点考察因素，在此背景下，或许只有不断增强制度的"拉力"，才能为中国的引资提供"高能化、清洁化"的动力。

（3）从东、中、西三大地区看，中国的引资政策重点应该以产业的"东转（移）西承（接）"和产业升级为核心，以提高引资项目与区域经济现状和特征的匹配性。要进一步调整和优化 FDI 在东、中、西三大地区的布局，结合区域经济现状和中国经济的阶段特征，重新制定符合区域经济和产业特征的引资政策，引导不同类型 FDI 在三大地区合理分布。在总体上应该遵循知识型、技术型 FDI 在空间上呈由东向中西递减而资源型 FDI 在空间上呈由东向中西不断递增的趋势，保证不同类型 FDI 与区域实际的匹配，最大程度发挥 FDI 的经济效应，从而有力推动地区经济发展和不断缩小区域经济差距。具体而言，对于东部沿海省市，要结合中国目前产业结构升级的现实背景，联系地区实际，实时合理调整引资策略，减少资源密集型外资项目的引进，着力吸引知识密集型、技术密集型的外资项目，鼓励它们在辖区内进行研究设计与开发，大力支持内外资企业的联合研发，为研究成果的生产转化提供政策支持和服务，积极利用自身优势，推进地区经济向知识型、技术型方向发展；对于中西部地区，继续推进市场化建设，加大招商引资力度，在提高引资数量的同时，不断提高引入外资项目的质量，充分利用中国产业的"东转（移）西承（接）"机遇以及中西部地区丰富的资源条件，按照一定标准吸引符合条件的资源密集型外资企业进入本区域，并在利用外资的过程中，鼓励它们积极使用先进技术，并为本土企业的参与提供支持，提高本土企业的学习模仿能力，以提高它们对 FDI 经济（溢出）效应的吸收能力。同时，中西部地区政府应当借鉴东部地区政府在引资和用资过程中的经验教训，不断优化引资政策，妥善处理政府与外资企业的关系，保证给予外资企业的优惠政策符合国家法律规定，防止外资企业通过"超国民待遇"对地方政府的政策产生影响，形成外资企业对地方政府的"俘获"；要不断调整给予外资企业的优惠政策内容和实现方式，减少并最终取消过去通过税收、土地使用、产权转让等内容的引资政策，逐步转向以信贷政策为核心的引资方式，并通过不断提高政府行政效率和公共服务水平来优化投资环境，即通过政府职能的转变来增强引资竞争力。

（4）从行业看，中国的引资政策重点应该以促进中国行业经济向高端化发展为核心，不断调整和优化 FDI 在中国行业经济中的分布。要合理制定外资进入中国不同行业的条件和标准，引进项目既要有利于中国产业结构调整和产业升级，也要防止外资进入可能产生的对国内行业的垄断和异化。商务部的调查报告显示，外资商品在中国主要行业中的份额逐年增加，特别是在轻化工、机械、电子、医药等行业，外资商品所占的市场份额已经超过全部同类商品的1/3，而据中国并购研究中心的结论，在28个主要行业中，外资企业在其中的21个行业中具有超过内资企业的市场控制权。这些发现都表明，外资企业在中国市场表现出的越来越强的市场占有力和控制力，从而对中国本土企业产生了直接影响。这种趋势如果缺乏合理有序的规范，可能产生外资商品对内资商品的挤出，形成外资商品在市场上的"寡占"，最终将直接影响中国市场结构与秩序的稳定以及国民经济的协调发展。同时，随着行业经济的快速发展，中国行业经济中资本密集度、技术密集度和知识密集度行业的比重不断增加，行业经济的整体实力与国外相关行业的差距不断缩小，某些行业技术已经达到或接近世界先进水平，但中国过去长期实施的重数量的引资政策弱化了中国行业经济的转型与升级。因此，要不断优化外资在国民经济行业中的分布，积极推进行业的差异化引资策略，结合中国当前的行业经济现实和特征，分层次、有重点、有步骤地推进 FDI 在中国各行业的进入标准和条件，促进引资项目由资源密集型向资本密集型、技术密集型转变。要进一步优化不同行业对外资的需求，引进外资更多地要从行业需求、行业特征的匹配性方面考虑，结合中国的产业升级和工业化阶段特征，可以率先引进航空航天、电子与通信设备制造、运输设备制造、新型材料等资本密集型、技术密集型、知识密集型的外资项目，适时提高资源密集型的进入条件和限制环境污染型外资项目的进入，从而推动中国行业经济向高端化、清洁化方向发展。

（5）从企业所有制看，中国的引资政策重点应该以营造不同所有制企业的公平竞争环境和提高内资企业的生产率为核心，以消除企业所有制带来的"内外有别"和"政治性主从次序"以及促进中国经济的内生性增长。要逐步取消外资企业在中国境内的"超国民待遇"，通过制度调整，以改变长期以来的重"外资"轻"内资"局面，提供内外资企业的公平竞争环境，能够给予外资企业的优惠政策，也要给予内资企业，以实现内外资企业的同等对待。消除政府之手对资源在不同所有制企业间的分配，充分利用市场在资源配置中的决定性作用，着力改变不同所有制企业的"政治性主从次序"地位，给予不同所有制企业在资源获取、市场进入、产权保护等内容上的平等对待。防止国有企业利用所有制优势对民营企业进行挤占，防止外资与国有企业"合谋"，二者利用自身优势实现对政府的"俘获"，产生不同所有制间的不平等竞争以及借用政府之手获取政策红利或制度暴利。建立和完善有利于推进中国经济内生性增长的引资政策体系，确立利用 FDI 经济（溢出）效应促进中国本土企业自主创新的引资目标，进一步优化基于提高内资企业生产率的引资项目，将外资引入与中国经济内生性增长结合起来，通过内资企业学习和模仿能力的提升，充分利用和吸收 FDI 的经济（溢出）效应，促使其转化为内资企业自身的生产力，并积极推动内资企业在生产过程中对知识、技术等高级生产要素的使用，推进其自主创新能力的提升，从而提高中国经济的整体技术水平。建立引资"门槛"，积极引进有利于内资企业生产率提升以及中国经济内生性增长的外资项目，支持和鼓励外资企业在中国设立联合研发机构，采取有效方式，实现内外资企业的共同研发，促进内资企业创新能力的提升。同时，要采取有效措施，主动推进内资企业积极向价值链高端方向延伸，防止外资企业通过"倒逼机制"将内资企业锁定在价值链低端环节，不断弱化 FDI 经济（溢出）效应中对内资企业自主创新可能造成的负面影响，并鼓励外资进入民营企业，为其合法行为提供制度保障，以消除外资与民资合作过程中对制度风险的担忧。

7.1.3 可能的创新点

对于"FDI 影响中国经济绩效"这一问题，学界对其进行了广泛研究，取得了丰富的成果。与已有的研究成果相比，本书可能存在的边际贡献主要包括：

（1）构建了一个"引资竞争视角下 FDI 影响中国经济绩效"的理论分析框架。本书在 Parcero（2007）、才国伟和舒元（2008）的研究基础上，将企业的利润来源分为两个部分：市场利润和政策红利（租金），地方政府通过提供给外资企业更多的优惠政策（超国民待遇）来增强自身的引资竞争力，以此为逻辑起点尝试构建了一个"FDI 影响中国经济绩效"的理论分析框架。通过该框架，发现 FDI 在总体上提高了地区收益，但同时它可能恶化了中国的腐败程度，从而中国的经济绩效可能具有"非清洁型"的特征。

（2）拓展了市场分割指数的测算范围。本书在桂琦寒等（2006）的研究基础上，通过由国有单位职工工资、城镇集体单位职工工资和其他单位职工工资组成的劳动力市场工资价格指数，利用相对价格指数法，更进一步地从行业和企业层面对市场（行业）分割指数进行了测算，这有助于从多个层面对中国经济的市场化程度进行研判。通过该指数，发现在整体上中国经济的市场化程度得到了提升，但地方政府的引资竞争行为减缓和弱化了该趋势。

（3）改进和拓展了 FDI 经济效应的度量方法和检验范围。本书借鉴赵奇伟（2009）的研究思路，将市场（行业）分割指数与经济效应指标的交互项纳入计量回归模型，以此考察市场（行业）分割情形下 FDI 对中国经济在资本、技术、制度、市场等方面产生的效应。同时，利用该度量方法，更进一步地从行业和企业层面就 FDI 对中国经济产生的效应进行了检验。与已有的研究相比，该方法有助于修正单一度量指标的不足，而利用该方法进行的多个层面检验，其结果更具有解释力。基于该度量方法的检验，发现引资竞争扭曲了地方政府的引资行为，进而导致了外资企业对地方政府的"俘获"或者二者的合谋。

（4）尝试探讨了腐败、FDI 与经济增长的影响机理。本书将腐败、FDI 区位选择与经济增长纳入统一的分析框架，先分别就腐败与 FDI 的关系，FDI 与经济增长的关系进行分析，然后将腐败与 FDI 的交互项（$CORR \times FDI$）引入产出方程，以此分析了三者间的影响机理。与已有的研究相比，本书不仅分析了腐败、FDI、经济增长的两两关系，还重点分析了考虑腐败因素后 FDI（$CORR \times FDI$）与经济增长的关系。通过分析，发现 FDI 并没有改善中国的腐败现状；腐败与 FDI 不仅具有倒"U"形曲线关系，并且目前还处于前期阶段，表现出腐败对 FDI 的"润滑效应"；腐败与 FDI 的交互项（$CORR \times FDI$）对经济增长具有强化作用。

7.2　研究不足与展望

虽然本书在前人的研究基础上，从地方政府存在激烈的引资竞争视角出发，就 FDI 对中国经济绩效的影响进行了比较深入的分析，这对于研究新时期新形势下 FDI 影响中国经济绩效具有一定的积极作用。然而，客观地讲，这仅是一个阶段性的研究成果，其中还存在一些不足之处，需要在以后的研究中进一步深入和完善。

（1）在第5章测算市场（行业）分割指数的过程中，只是从劳动力市场的角度利用职工工资指数进行了测算，由于中国的市场化程度是多因素、多市场的综合反映，它在不同的市场上具有差异性。因而对市场（行业）指数的测算如果通过多个市场的共同测算会更加客观和准确，但在本书中没有实现该目标。实际上，我们也试图按照赵奇伟（2009）的思路，测算三个市场（消费品市场、资本品市场、劳动力市场）的分割指数，然而在测算的过程中，发现消费品市场和资本品市场的有关数据在行业、企业层面严重缺失而难以实现，因此最终只是基于劳动力市场测算出了市场（行业）的分割指数，而通过从其他市场来测算市场（行业）分割指数，这将是我们下一步工作的重点。

（2）在第6章分析腐败、FDI区位选择与地区经济增长三者关系的过程中，借鉴周黎安和陶婧（2009）的方法，利用腐败案件数与党政机关人数的比值来度量腐败程度。我们试图与第5章保持一致，从以城市为基础的全样本、以城市为基础的三大地区、19个主要国民经济行业和三类不同所有制企业四个方面进行分析。然而在数据处理时，发现按照上述标准难以获得进行有效分析的样本，最终我们不得不放弃该思路，转而利用29个省市区的数据进行了全样本、分地区和分时期检验，虽然得出的结论与前文的理论分析具有较高的一致性，但该结论更多的只具有宏观（省域）上的说服力，至于它们三者在更加微观的层面（行业、企业）是否具有相同或相近的结论，这还需要我们接下来进一步研究。

（3）本书只考察了FDI流入后对中国经济绩效的影响，而没有分析FDI退出对中国经济绩效将产生怎样的影响。实际上，随着中国本土企业技术水平和生产效率的提高，内外资企业在中国市场中的结构也处于动态调整过程中，大量FDI开始向中国周边国家（地区）转移。这其中除了中国的资源禀赋优势下降外，可能还由于随着国内企业整体水平的提高，它对"边际型"外资企业产生了挤出效应，从而外资企业类型和结构的调整可能对中国经济绩效产生了重要影响。因此，将外资企业的退出与内资企业的进入纳入统一的框架进行分析，也许是一个重要而有意义的研究方向，这也将成为我们下一步的研究重点。

（4）本书只立足于中国作为引资国的角色，分析了进入国内的 FDI 对中国经济绩效的影响，而没有对中国作为投资国，其对外直接投资（Outward Direct Investment，ODI）行为将对国内经济绩效产生怎样的影响进行研究。特别是中国目前正处于产业结构调整和升级时期，国内大量资源密集型、环境污染型企业对中国经济由粗放型向集约型增长形成了阻力，那么，这些企业通过向其他具有资源禀赋优势和环境承载力的国家（地区）转移，是否有助于缓解国内资源约束现状，减少经济增长过程中的副产品（资源浪费、环境污染等）？同时，中国具有国际竞争力的企业通过"走出去"，积极向全球产业价值链的高端方向发展，是否能够为其他国内企业带来示范效应，促进它们由"模仿"和"追赶"角色向"创造"和"领导"角色发展？基于此，我们将在下一步构建一个更为全面的理论框架系统分析中国在两类角色下（引资和对外投资），流入中国的 FDI 与中国的 ODI 对经济绩效的影响。

参 考 文 献

［1］葛文进，俞立平．外商直接投资对中国出口产品质量影响分析［J］．科技与管理，2017（2）：75－81.

［2］毛其淋，许家云．跨国公司进入与中国本土企业成本加成——基于水平溢出与产业关联的实施研究［J］．管理世界，2016（9）：12－32.

［3］李怡，李平．FDI 对中国工业价值链升级影响的异质性考察［J］．世界经济研究，2018（5）：37－50.

［4］OECD. 2002 年世界投资报告：跨国公司与出口竞争力（中译本）［M］．北京：中国财政经济出版社，2003.

［5］孙早，王文．官商结盟的体制效应［J］．当代经济科学，2011，33（3）：1－12，124.

［6］岳咬兴，范涛．制度环境与中国对亚洲直接投资区位分布［J］．财贸经济，2014（6）：69－78.

［7］张云飞．东道国禀赋条件、制度安排与 FDI 区位选择［J］．华东经济管理，2015（1）：175－179.

［8］傅勇，张晏．中国式分权与财政支出结构偏向：为增长而竞争的代价［J］．管理世界，2007（3）：4－11.

［9］黄亚生著，钱勇，王润亮译．改革时期的外国直接投资［M］．北京：新星出版社，2005.

［10］冈纳·缪尔达尔著，顾朝阳译．世界贫困的挑战——世界反贫困大纲［M］．北京：北京经济学院出版社，1991.

[11] 乔尔·赫尔曼，杰林特·琼斯，丹尼尔·考夫曼著，周军华译. 转轨国家的政府俘获、腐败以及企业影响力 [J]. 经济社会体制比较，2009（1）：1－12.

[12] 原正行著，封小云译. 海外直接投资论 [M]. 广州：暨南大学出版社，1995.

[13] 小岛清著，周宝廉译. 对外贸易论 [M]. 天津：南开大学出版社，1987.

[14] A. G. 肯伍德，A. L. 洛赫德著，王春法译. 国际经济的成长：1820—1990 [M]. 北京：经济科学出版社，1997.

[15] 崔校宁，李智. 外商对华直接投资经济效应实证分析 [J]. 世界经济研究，2003（6）：40－44，11.

[16] 赵蓓文. 转型国家外国直接投资的宏观经济效应 [J]. 世界经济研究，2009（8）：50－57，88.

[17] 亓朋，许和连，艾洪山. 外商直接投资企业对内资企业的溢出效应：对中国制造业企业的实证研究 [J]. 管理世界，2008（4）：58－68.

[18] 陈琳，林珏. 外商直接投资对中国制造业企业的溢出效应[J]. 管理世界，2009（9）：24－33.

[19] 赖明勇，包群，彭水军，张新. 外商直接投资与技术外溢：基于吸收能力的研究 [J]. 经济研究，2005（8）：95－105.

[20] 道格拉斯·C. 诺斯著，刘守英译. 制度、制度变迁与经济绩效 [M]. 上海：上海三联书店，1994.

[21] 卢现祥. 西方新制度经济学 [M]. 北京：中国发展出版社，2003.

[22] 林毅夫. 关于制度变迁的经济学理论：诱致性变迁与强制性变迁 [M]. 上海：上海人民出版社，1994.

[23] 金新亮. 外商投资对我国经济体制变迁的利弊分析 [J]. 理论导刊，2001（2）：32－33.

［24］王雷，韦海鸣．论 FDI 对西部制度变迁的影响及对策［J］．科学管理研究，2003，21（1）：30－33．

［25］罗长远．外国直接投资、国内资本与中国经济增长［M］．上海：上海人民出版社，2005．

［26］罗伯特·芬斯特拉，魏尚进著，鞠建东，余淼杰译．全球贸易中的中国角色［M］．北京：北京大学出版社，2013．

［27］李卢霞．FDI、制度变迁与经济增长：一个基于转型经济国家的研究［D］．上海：复旦大学，2009．

［28］杨德才．改革开放以来外商直接投资在我国的真实效应分析——兼评我国 FDI 政策调整［J］．当代经济研究，2010（10）：28－32．

［29］蒋殿春，夏良科．外商直接投资对中国高技术产业技术创新作用的经验分析［J］．世界经济，2005（8）：3－10，80．

［30］赵奇伟．东道国制度安排、市场分割与 FDI 溢出效应：来自中国的证据［J］．经济学（季刊），2009，8（3）：891－924．

［31］孙江永，冼国明．产业关联、技术差距与外商直接投资的技术溢出［J］．世界经济研究，2011（4）：55－61，88．

［32］潘文卿．外商投资对中国工业部门的外溢效应［J］．世界经济，2003（6）：3－7．

［33］王红领，李稻葵，冯俊新．FDI 与自主研发［J］．经济研究，2006（2）：44－56．

［34］钟晓君，刘德学．服务业 FDI 的资本效应：促进抑或挤出［J］．金融发展研究，2016（4）：18－23．

［35］邓路．FDI 溢出效应与自主技术创新效率［J］．财经济论丛，2010（1）：12－18．

［36］许和连，魏颖绮，赖明勇，王晨刚．外商直接投资的后向链接溢出效应研究［J］．管理世界，2007（4）：24－31，39．

［37］杨高举，黄先海．内部动力与后发国分工地位升级［J］．中国社会科学，2013（2）：25－45，204．

［38］江小涓. 内资不能替代外资——在生产能力和资金都过剩时，为何还利用外资［J］. 国际贸易问题，2000（3）：4-8.

［39］江小娟，李蕊. FDI 对中国工业增长和技术进步的贡献［J］. 中国工业经济，2002（7）：5-16.

［40］覃毅，张世贤. FDI 对中国工业企业效率影响的路径［J］. 中国工业经济，2011（11）：68-78.

［41］平新乔，关晓静，邓永旭等. 外国直接投资对中国企业的溢出效应分析：来自中国第一次全国经济普查数据的报告［J］. 世界经济，2007（8）：3-13.

［42］王志鹏，李子奈. 外资对中国工业企业生产效率的影响研究［J］. 管理世界，2003（4）：17-25.

［43］刘宇. 外商直接投资技术外溢效应下降之谜［J］. 财贸经济，2006（4）：9-12.

［44］赵奇伟，张诚. FDI 技术溢出与区域经济增长：以京津冀都市圈为例［J］. 数量经济技术经济研究，2006（3）：111-121.

［45］陈继勇，盛杨怿. 外商直接投资的知识溢出与中国区域经济增长［J］. 经济研究，2008（12）：39-49.

［46］王喜，赵增耀. FDI 与区域资本流动：抑制还是促进［J］. 国际贸易问题，2014（4）：136-143.

［47］邵玉君. FDI、OFDI 与国内技术进步［J］. 数量经济与技术经济研究，2017（9）：21-38.

［48］蒋殿春，张宇. 经济转型与外商直接投资技术溢出效应［J］. 经济研究，2008（7）：26-38.

［49］张宇. 制度约束、外资依赖与 FDI 的技术溢出［J］. 管理世界，2009（9）：14-23，187.

［50］袁诚，陆挺. 外商直接投资与管理知识溢出效应：来自中国民营企业家的证据［J］. 经济研究，2005（3）：69-79.

［51］何洁. 外国直接投资对中国工业部门外溢效应的进一步精确量

化［J］．世界经济，2000（12）：29－36．

［52］王成岐，张建华，徐文忠．谁人谁获益：中国制造业中的外商直接投资［J］．中国工业经济，2006（10）：23－31．

［53］黄凌云，吴维琼．FDI技术外溢与技术差距的门槛效应［J］．财经科学，2013（3）：52－59．

［54］李斌，李倩，祁源．FDI技术溢出对高技术产业技术进步的门槛效应研究——基于吸收能力与金融发展视角的门限模型检验［J］．国际商务，2016（3）：74－84．

［55］杨娇辉，王伟，谭娜．破解中国对外直接投资区位分布的"制度风险偏好"之谜［J］．世界经济，2016（11）：3－27．

［56］吴一平．治理环境好的地区会吸引更多的外商直接投资吗？［J］．南开经济研究，2010（4）：48－59．

［57］李子豪，刘辉煌．外商直接投资、地区腐败与环境污染［J］．国际贸易问题，2013（7）：50－61．

［58］薛求知，韩冰洁．东道国腐败对跨国公司进入模式的影响研究［J］．经济研究，2008（4）：88－98．

［59］韩冰洁．促使跨国公司在东道国从事腐败行为的因素分析［J］．管理评论，2011，23（9）：12－19．

［60］王竹汀，王昌学．论跨国公司的正道经营与腐败及腐败犯罪［J］．法学评论，2006（2）：62－72．

［61］杨胜刚，何靖．腐败与货币危机关系的实证研究［J］．国际金融研究，2004（6）：34－40．

［62］林毅夫，董先安，殷韦．技术选择、技术扩散与经济收敛［J］．财经问题研究，2004（6）：3－10．

［63］姚树洁，冯根福，韦开蕾．外商直接投资和经济增长的关系研究［J］．经济研究，2006（12）：35－46．

［64］沈坤荣，耿强．外国直接投资、技术外溢与内生经济增长［J］．中国社会科学，2001（5）：82－93．

[65] 江锦凡. 外国直接投资在中国经济增长中的作用机制 [J]. 世界经济, 2004 (1): 3 - 10.

[66] 殷醒民, 陈昱. FDI 技术溢出效应中"人力资本门槛"的实证研究——来自长江三角洲 16 个城市的证据 [J]. 世界经济文汇, 2011 (6): 73 - 85.

[67] 王成岐, 张建华, 安辉. 外商直接投资、地区差异与中国经济增长 [J]. 世界经济, 2002 (4): 15 - 24.

[68] 李金昌, 曾慧. 基于金融市场发展的 FDI 溢出与经济增长关系: 省际面板数据研究 [J]. 统计研究, 2009, 26 (3): 30 - 37.

[69] 张天顶. 外商直接投资、传导机制与中国经济增长 [J]. 数量经济技术经济研究, 2004 (10): 40 - 48.

[70] 魏后凯. 外商直接投资对中国区域经济增长的影响 [J]. 经济研究, 2002 (4): 19 - 26, 92.

[71] 武剑. 外国直接投资的区域分布及其经济增长效应 [J]. 经济研究, 2002 (4): 27 - 35, 93.

[72] 张宇. 制度约束、外资依赖与 FDI 的技术溢出 [J]. 南方经济, 2010 (12): 17 - 31.

[73] 傅元海, 唐未兵, 王展祥. FDI 溢出机制、技术进步路径与经济增长绩效 [J]. 经济研究, 2010 (6): 92 - 104.

[74] 才国伟, 舒元. 对"两个大局"战略思想的经济学解释 [J]. 经济研究, 2008 (9): 106 - 114.

[75] 张宇. 空间经济视角下的外资依赖与中国经济增长 [J]. 经济学 (季刊), 2010 (7): 1211 - 1237.

[76] 郭广珍. 政治收益、经济贿赂与经济绩效: 一个新古典政治经济学模型 [J]. 南方经济, 2009 (11).

[77] 郭广珍, 李绍平, 黄险峰. 经济发展中的地方官员行为研究——基于政治晋升、财政分权与腐败的视角 [J]. 经济评论, 2011 (9): 12 - 19.

[78] 谢平, 陆磊. 金融腐败: 非规范融资行为的交易特征和体制动因 [J]. 经济研究, 2003 (6): 3 – 13.

[79] 聂辉华, 李金波. 政企合谋与经济发展 [J]. 经济学 (季刊), 2006, 6 (1): 75 – 90.

[80] 桂琦寒, 陈敏, 陆铭等. 中国国内商品市场趋于分割还是整合: 基于相对价格法的分析 [J]. 世界经济, 2006 (2): 20 – 30.

[81] 张宇. FDI 技术外溢的地区差异与吸收能力的门限特征——基于中国省际面板数据的门限回归分析 [J]. 数量经济技术经济研究, 2008 (1): 28 – 39.

[82] 赵奇伟, 张诚. 金融深化、FDI 溢出效应与区域经济增长: 基于 1997—2004 年省际面板数据分析 [J]. 数量经济技术经济研究, 2007a (6): 74 – 82.

[83] 张军, 吴桂英, 张吉鹏. 中国省际物质资本存量估算: 1952 – 2000 [J]. 经济研究, 2004 (10): 35 – 44.

[84] 王永齐. FDI 溢出、金融市场与经济增长 [J]. 数量经济技术经济研究, 2006 (1): 59 – 68.

[85] 银温泉, 才婉茹. 我国地方市场分割的成因和治理 [J]. 经济研究, 2001 (6): 3 – 12, 95.

[86] 沈立人, 戴园晨. 我国 "诸侯经济" 的形成及其弊端和根源 [J]. 经济研究, 1990 (3): 12 – 19, 67.

[87] 晋利珍. 改革开放以来中国劳动力市场分割的制度变迁研究 [J]. 经济与管理研究, 2008 (8): 64 – 68.

[88] 边燕杰, 张展新. 市场化与收入分配 [J]. 中国社会科学, 2002 (5): 97 – 111, 205.

[89] 刘小玄. 中国转轨过程中的企业行为和市场均衡 [J]. 中国社会科学, 2003 (2): 61 – 71, 205.

[90] 邹至庄著, 曹祖平等译. 中国经济转型 [M]. 北京: 中国人民大学出版社, 2005.

［91］黄孟复．中国民营企业发展报告2004［M］．北京：社会科学文献出版社，2005．

［92］许学峰．民营企业成长的三大极限［J］．中国高新区，2007（7）：74－75．

［93］郭剑花，杜兴强．政治联系、预算软约束与政府补助的配置效率——基于中国民营上市公司的经验研究［J］．金融研究，2011（2）：114－128．

［94］周黎安，陶婧．政府规模、市场化与地区腐败问题研究［J］．经济研究，2009（1）：57－69．

［95］陈刚．腐败与收入不平等——来自中国的经验证据［J］．南开经济研究，2011（10）：113－131．

［96］吴一平，芮萌．制度差异、地区腐败与收入不平等［J］．经济社会体制比较，2013（3）：165－178．

［97］莫亚琳，张志超．城市化进程、公共财政支出与社会收入分配——基于城乡二元结构模型与面板数据计量的分析［J］．数量经济技术经济研究，2011（3）：79－89．

［98］陈刚．FDI竞争、环境规制与污染避难所［J］．世界经济研究，2009（6）：3－7，43，87．

［99］张秀生，卫鹏鹏．东西"夹击"的中部地区经济发展：战略定位与对策思考［J］．经济评论，2003（6）：75－78，81．

［100］刘乃全，陶云，张学良．中国区域经济增长协整分析与区域政策选择——兼论"中部塌陷"现象［J］．财经研究，2006，32（4）：49－57．

［101］高远．转型中国的政府治理与经济增长［D］．上海：复旦大学，2009．

［102］聂辉华，王梦琦．政治周期对反腐败的影响——基于2003—2013年中国厅级以上官员腐败案例的证据［J］．经济社会体制比较，2014（4）：127－140．

［103］李子豪，刘辉煌．腐败加剧了中国的环境污染吗——基于省级数据的检验［J］．山西财经大学学报，2013，35（7）：1－11．

［104］吴一平，芮萌．地区腐败、市场化与中国经济增长［J］．管理世界，2010（11）：10－27．

［105］UNCTAD. World Investment Report［R］. New York：United Nations，2017.

［106］Chenery HB，Strout AM. Foreign Assistance and Economic Development［J］. American Economic Review，1966，56（4）：679－733.

［107］Borensztein E，De Gregorio J，Lee JW. How does Foreign Direct Investment Affect Economic Growth？［J］. Journal of International Economics，1998，45（1）：115－135.

［108］Nourzad F. Openness and the Efficiency of FDI：A Panel Stochastic Production Frontier Study［J］. International Advance Economies Reviews，2008（14）：25－35.

［109］Thanh VT，Duong NA. Revisiting Exports and Foreign Direct Investment in Vietnam［J］. Asian Economic Policy Review，2011，6（1）：112－131.

［110］Pegkas P. The Impact of FDI on Economic Growth in Eurozone Countries［J］. The Journal of Economic Asymmetries，2015（12）：124－132.

［111］Kojima K. Direct Foreign Investment：A Japanese Mode of Multinational Business Operation［M］. London：Croom Helm，1978.

［112］Navaretti GV，Barba A. Multinational Firms in the World economy［M］. New Jersey：Princeton University Press 2004.

［113］Deng P. Foreign Direct Investment by Transnational from Emerging Countries：The Case of China［J］. Journal of Leadership and Organizational Studies，2003，10（2）：113－124.

［114］Cheng LK，Ma Z. China's Outward Foreign Direct Investment

[R]. Paper Presented at the Indian Statistical Institute, 2008.

[115] Lucas RE. On the Mechanics of Economic Development [J]. Journal of Monetary Economics, 2006 (22): 3 –42.

[116] Kahai SK. Traditional and Non – Traditional Determinants of Foreign Direct Investment in Developing Countries [J]. Journal of Applied Business Research, 2004 (20): 43 –50.

[117] Habib M, Zurawicki L. Corruption and Foreign Direct Investment [J]. Journal of International Business Studies, 2002, 33 (2): 291 –307.

[118] Mauro P. Corruption and Growth [J]. Quarterly Journal of Economics, 1995, 110 (3): 681 –712.

[119] Wei SJ. How Taxing is Corruption on International Investors? [J]. Review of Economics and Statistic, 2000, 82 (01): 1 –11.

[120] Treisman D. The Causes of Corruptions: A Cross – national Study [J]. Journal of Public Economics, 2000, 76 (3): 399 –457.

[121] Leiken RS. Controlling the Global Corruption Epidemic [J]. Foreign Policy, 1996, 4 (105): 555 –573.

[122] Rosa D, Donato, Gooroochum N, et al. Corruption and Productivity: Firm – Level Evedence from the BEEPS Survey [R]. World Bank Policy Research Paper, No. 5348, 2010.

[123] Qasim Q. Foreign Firms and the State in Transition Economies: A Study in State Capture [M]. Georgetown University, 2011.

[124] Sun H. Macro – Economic Impact of Direct Investment in China: 1979 –1996 [M]. London: Ashgate Publishing Limited, 1998.

[125] Changkyu C. Does Foreign Direct Invesment Affect Domestic Income Inequality? [J]. Applied Economic Letters, 2006 (13): 811 –814.

[126] Basua P, Guariglia A. Foreign Direct Investment, Inequality, and Growth [J]. Journal of Macroeconomics, 2007 (29): 824 –839.

[127] Rostow WW. The State of Economic Growth: A Non – Communist

Manifest [M]. Cambridge: Cambridge University Press, 1960.

[128] Findlay R. Relative Backwardness, Foreign Direct Investment, and Transfer of Technology – A Simple Dynamic Model [J]. Quarterly Journal of Economics, 1978, 92 (1): 1 – 16.

[129] Tordaro MP. Development Economic [M]. London: Longman, 1994.

[130] Griffin K. Foreign Capital, Domestic Savings and Economic Development [J]. Bulletin of the Oxford Institute of Economics and Statistics, 1970 (32): 99 – 112.

[131] Mckinnon RI. Money and Capital in Economic Development [J]. International Journal, 1973, 29 (4): 649 – 651.

[132] Shaw E. Financial Deepening in Economic Development [M]. Oxford: Oxford University Press, 1973.

[133] Zhang KH. Does Fpreign Direct Investment Promote Economic Growth?: Evedence from East Asia and Latin America [J]. Contemporary Economic Policy, 2001, 19 (2): 175 – 185.

[134] Guimaraes P, Figueiredo O, Woodward D. Agglomeration and the Location of Foreign Direct Investment in Portugal [J]. Journal of Urban Economics, 2000, 26 (8): 115 – 135.

[135] Kumar N, Pradhan, J. Foreign Direct Investment, Externalities and Economic Growth in Developing Countries: Some Empirical Explorations and Implications for WTO Negotiations on Investment [R]. RIS Discussion Papers, 2002.

[136] Chen KY. Transnational Corporations and Technology Transfer to Developing Countries in Unctaded [J]. Transnational Corporations and World Development, 1996, 51 (7): 181 – 214.

[137] Agosin M, Mayer R. Foreign Investment in Developing Countries: Does it Crowd in Demestic Investment [R]. UNCTAD Discussion Pepers, 2000.

[138] Reis AB. On the Welfare Effects of Foreign Investment [J]. Jour-

nal of International Economics, 2001, 54 (2): 411 - 428.

[139] Mold. A. The Fallout from the Financial Crisis (4): Implications for FDI to Developing Countries [M]. OECD Development Centre Policy Insingts: OECD Publishing, 2008.

[140] Antony J. Capital/Labour Substitution, Capital Deepning, and FDI [J]. Journal of Macroeconomics, 2009, 72 (31): 699 - 707.

[141] Kindleberger C. International Short - Term Capital Movement [M]. New York: Columbia University Press, 1937.

[142] Cuddington. Capital Flight: Estimate, Issues and Explanations [J]. Princeton Studies in International Finance, 1986 (5): 1 - 40.

[143] MacDougall A. The Benefits and Costs of Private Investment from A-broad: A Theoretical Approach [J]. Bulletin of the Oxford University Institute of Economics & Statistics, 1960, 23 (3): 189 - 211.

[144] Caves RE. Multinational Firms, Competition, and Productivity in Host - Country Markets [J]. Economica, 1974, 41 (5): 176 - 193.

[145] Blomström M, Kokko A. Multinational Corporations and Spillovers [J]. Journal of Economic Surveys, 1998, 12 (3): 247 - 277.

[146] Romer P. Increasing Returns and Long - run Growth [J]. Journal of Political Economy, 1986, 94 (5): 1002 - 1037.

[147] Lucal R. On the Mechanism of Economic Development [J]. Journal of Monetary Economics, 1988, 22 (1): 3 - 42.

[148] Das. Externalities, and Technology Transfer Through MNCs [J]. Journal of International Economics, 1987 (22): 171 - 182.

[149] Wang JY, Blomstrom M. Foreign Investment and Technology Transfer - A Simple Model [J]. European Economic Review, 1992, 36 (1): 137 - 155.

[150] Blalock G, Gertler PJ. Learning from Exporting Revisited in a Less Developed Setting [J]. Journal of Development Economics, 2004, 75 (2):

397 -416.

[151] Wang JY. Growth, Techonlogy Transfer, and the Long – Run Theory of International Capital Movements [J]. Journal of International Economics, 1990, 29 (3 -4): 255 -271.

[152] RodriguezClare A. Multinationals, linkages, and economic development [J]. American Economic Review, 1996, 86 (4): 852 -873.

[153] Barro RJ, Sala – i – Martin X. Economic Growth [M]. Cambridge: MIT Press, 2004.

[154] Meyer KE, Sinani E. When and Where does Foreign Direct Investment Generate Positive Spillovers? A Meta – Analysis [J]. Journal of International Business Studies, 2009, 40 (7): 1075 -1094.

[155] Cheung NS. A Simplistic General Equilibrium Theory of Corruption [J]. Contemporary Economic Policy, 1996, 14 (3): 1 -5.

[156] Davis L, North D. Institutional Change and American Economic Growth [M]. Cambridge: Cambridge University Press, 1971.

[157] Kamath J. Foreign Direct Investment in a Centrally Planned Developing Economy: the Chinese Case [J]. Eeonomic Development and Cultural Change, 1990 (39): 107 -130.

[158] Kueh Y. Foreign Investment and Economic Change in China [J]. China Quaterly, 1992 (131): 59 -81.

[159] Claessens S, Demirguc – Kunt A, Huizinga H. How does Foreign Entry Affect Domestic Banking Markets? [J]. Journal of Banking & Finance, 2001, 25 (5): 891 -911.

[160] Ofer G. Transition and Developing Economies: Comparing the Quality of Governments [M], Cambridge: MIT Press, 2003.

[161] Dooley M. Folkerts P. The US Current Account Deficit: Collateral for a Total Return Swap [R]. NBER Working Paper, No. 626 -629, 2004.

[162] Hanson GH, Xiang C. The Home – Market Effect and Bilateral

Trade Patterns ［J］. American Economic Review, 2004, 94 （4）: 1108 – 1129.

［163］ Hymer S. The International Operations of National Firms: A Study of Foreign Direct Investment ［M］. Cambridge: MIT Press, 1960.

［164］ Caves RE. International Corporations: The Industrial Economics of Foreign Investment ［J］. Economica, 1971, 38 （149）: 1 – 27.

［165］ Markusen JR, Venables AJ. Foreign Direct Investment as a Catalyst for Industrial Development ［J］. European Economic Review, 1999, 43 （2）: 335 – 356.

［166］ Gorg H, Greenaway D. Does Domestic Firms really Benefit from Foreign Direct Investment? ［J］. World Bank Research Observer, 2004, 19 （02）: 171 – 197.

［167］ Raymond L. The United States Direct Investment in Canada and Canadian Capital Formation, 1952 – 1962 ［D］. Boston: Harvard University, 1966.

［168］ Imbriani C. Reganati F. International Efficiency Spillovers into the Italian Manufacturing Sector ［J］. Economica Internazionale, 1997 （50）: 583 – 595.

［169］ Keller W. International Technology Diffusion ［R］. NBER Working Paper, NO. 8573, 2001.

［170］ Haskel E. Pereira SC, Matthew J. Does Foreign Direct Investment Boost the Productivity of Domestic Firms ［R］. NBER Working Paper, No. 452, 2002.

［171］ Keller W, Yeaple SR. Multinational Enterprises, Internatioanl Trade, and Productivity Growth ［J］. Review of Economics and Statistics, 2009, 91 （4）: 821 – 831.

［172］ Globerman S. Foreign Direct Investment and Spillover Efficiency Benefits in Canadian Manufacturing Industries ［J］. Canadian Journal of Economics, 1979, 12 (1): 42 –56.

[173] Castellani D, Zanfei A. Multinational Experience and the Creation of Linkages with Local Firms Evidence from the Electronics Indutry [J] . Canadian Journal of Economics, 2002 (26): 1 –25.

[174] Gorg H, Strobl E. Multinational Companies, Technology Spillovers and Plant Survival [J] . Scandinavian Journal of Economics, 2003, 105 (4): 581 –595.

[175] Keller Wolfgang SY. Multinational Enterprises, International Trade and Productivity Growth: Firm – Level Evidence from the United States [R] . CEPR Discussion Paper, No. 3805, 2003.

[176] Haskel J, Sadun R. Entry Regulation and Productivity: Evidence from the UK Retail Sector [R] . CERIBA and Center for Economic Performance, 2007.

[177] Blomström M, Persson H. Foreign Investment and Spillover Efficiency in an Underdeveloped Economy [J] . World Development, 1983, 11 (6): 493 –501.

[178] Sgard J. Direct Foreign Investment and Productivity Growth in Hungarian Firms, 1992 – 1999 [R] . CEPII Working Paper, No. 2001 2019, 2001.

[179] Javorcik BS. The Composition of Foreign Direct Investment and Protection of Intellectual Property Rights: Evidence from Transition Economies [J] . European Economic Review, 2004, 48 (1): 39 –62.

[180] Nicolini M, Resmini L. FDI Spillovers in New EU Member States [J] . Economics of Transition, 2010, 18 (3): 487 –511.

[181] Cantwell J. Technological Innovation and Multinational Corporations [M] . Oxford: Blackwell, 1989.

[182] Blomstrom M, Wolff EN. Multinational Corporations and Productivity Convergence in Mexico [J] . National Bureau of Economic Research, 1994

(w3141): 1 – 35.

[183] Salvador. B. Are there Positive Spillovers from Foreign Direct Investment? Evedence from the Spanish Experience (1990 – 1994) [D] . Mimeo: University of Manchester, 2000.

[184] Driffield N. Inward Investment and Host Country Market Structure: The Case of the UK [J] . Review of Industrial Organization, 2001, 18 (4): 363 – 378.

[185] De Backer K, Sleuwaegen L. Does Foreign Direct Investment Crowd out Domestic Entrepreneurship? [J] . Review of Industrial Organization, 2003, 22 (1): 67 – 84.

[186] Harris R, Robinson C. Productivity Impacts and Spillovers from Foreign Owonership in the United Kingdom [J] . National Institute Economic Review, 2004, 187 (1): 58 – 75.

[187] Blomström M, Lipscy R, Zejan M. What Explains the Growth in Developing Countries [R] . NBER Discussion Paper, No. 1924, 1994.

[188] Balasubramanyam NV. The MAI and Foreign Direct Investment in Developing Countries [R] . Discussion Paper of Lancaster University, EC10/ 98, 1998.

[189] Haddad M, Harrison A. Are there Positive Spillovers from Foreign Direct Investment – Evidence from Panel Data for Morocco [J] . Journal of Development Economics, 1993, 42 (1): 51 – 74.

[190] Djankov S, Hoekman B. Foreign Investment and Productivity Growth in Czech Enterprises [J] . World Bank Economic Review, 2000, 14 (1): 49 – 64.

[191] Konings J. The Effects of Foreign Direct Investment on Domestic Firms – Evidence from Firm – Level Panel Data in Emerging Economies [J] . Economics of Transition, 2001, 9 (3): 619 – 633.

[192] Damijan MK, Boris M, Matija R. Technology Transfer through FDI

in Top 10 Transition Countries [R]. William Davidson Working Paper, No. 549, 2003.

[193] Cohen W, Levinthal D. Innovation and Learning: the Two Faces of R&D [J]. Economic Journal, 1989, 76 (99): 569 – 596.

[194] Liu XM, Siler P, Wang CQ, et al. Productivity Spillovers from Foreign Direct Investment [J]. Journal of International Business Studies, 2000, 31 (3): 407 – 425.

[195] Kokko A. Technology, Market Characteristics, and Spillovers [J]. Journal of Development Economics, 1994, 43 (2): 279 – 293.

[196] Girma S. Absorptive Capacity and Productivity Spillovers from FDI: A Threshold Regression Analysis [J]. Oxford Bulletin of Economics and Statistics, 2005, 67 (3): 281 – 306.

[197] Aslanoglu E. Spillover Effects of Foreign Direct Investment on Turkish Manufacturing Industry [J]. Journal of International Development, 2000, 31 (12): 1111 – 1130.

[198] Girma S, Gong D. FDI, Linkages and the Efficiency of State – Owned Enterprises in China [J]. Journal of International Development Studies, 2008, 44 (5): 728 – 749.

[199] Liu F. An Equilibruim Queuing Model of Bribery [J]. Journal of Political Economy, 1985, 93 (4): 760 – 781.

[200] Wheeler D, Mody A. International Investment Location Decisions: The Case of U. S. Firms [J]. Journal of International Economics, 1992 (33): 57 – 76.

[201] Hines J. Forbidden Payments: Foreign Bribery and American Business after 1977. Cambridge: NBER Working Paper, No. 5266, 1995.

[202] Egger P, Winner H. Evidence on Corruption as a Incentive for Foreign Direct Investment [J]. European Journal of Political Economy, 2005, 49 (21): 932 – 952.

[203] Barassi M, Zhou Y. The Effect of Comiption on FDI: a Parametric and Non – Parametric Analysis [J]. European Journal of Political Economy, 2012, 17 (28): 302 – 312.

[204] Aizenman, Spiegel M. Institutional Efficiency, Monitoring Costs, and the Investment Share of FDI [R]. NBER Working Paper, No. 9324, 2002.

[205] Bénassy – Quéré A, Maylis C. Institutional Determinants of Foreign Direct Investment [J]. World Economy, 2007, 30 (5): 764 – 782.

[206] Kwok CY, Tadesse S. The MNC as an Agent of Change for Hosst – Country Institutions: FDI and Corruption [J]. Journal of International Business Studies, 2006, 37 (6): 767 – 785.

[207] Smarzynska, Wei SJ. Corruption and Composition of Foreign Direct Investment: Firm – Level Evidence [R]. NBER Working Paper: Cambridge, No. 7969, 2000.

[208] Jonathan P, Doh PR, Klaus U, et al. Coping with Corruption in Foreign Markets [J]. Academy of Management Executive, 2003, 17 (3): 114 – 127.

[209] Doh JP, Rodriguez P, Uhlenbruck K, et al. Coping with Corruption in Foreign Markets [J]. Academy of Management Executive, 2003, 17 (3): 114 – 127.

[210] Husian J. Capital Flow to South Asian and Countries [R]. World Bank Working Paper, No. 25, 1992.

[211] Degregorio J. Economic Growth in Latin America [J]. Trimestre Economico, 1992 (59): 75 – 107.

[212] Beng M. Foreign Direct Investment, Economic Freedom and Growth: New Evidence from Lartin America [J]. European Journal of Political Economy, 2003, 34 (19): 529 – 545.

[213] Chen C, Chang L, Zhang Y. The Role of Foreign Direct Investment

in China's Post – 1978 Economic Develoment [J] . World Development, 1995, 23 (4): 699 – 703.

[214] Barrell R, Pain N. Foreign Direct Investment, Technological Change, and Economic Growth within Europe [J] . Economic Journal, 1997, 107 (445): 1770 – 1786.

[215] Barro RJ. Economic Growth in a Cross – Section of Countries [J] . Quarterly Journal of Economics, 1991, 106 (2): 407 – 443.

[216] Barrell R. Determinants of Economic Growth [M] . Cambridge: The MIT Press, 1997.

[217] Balasubramanyam VN, Salisu M, Sapsford D. Foreign Direct Investment and Growth in EP and IS Countries [J] . Economic Journal, 1996, 106 (434): 92 – 105.

[218] DeMello LR. Foreign Direct Investment in Developing Countries and Growth: A Selective Survey [J] . Journal of Development Studies, 1997, 34 (1): 1 – 34.

[219] Saltz I. The Negative Correlation between Foreign Direct Investment and Economic Growth in the Third World: Theory and Evidence [J] . Rivista International Science Economic Commercial, 1992, 7 (39): 617 – 633.

[220] Rodriguez – Clare A. Multinational, Linkages, and Economic Developement [J] . American Economic Review, 1996, 86 (4): 852 – 873.

[221] Easterly W. How much do Distortions Affect Growth [J] . Journal of Monetary Economics, 1993, 32 (2): 187 – 212.

[222] Khaled E, Samir S. Does FDI Imply Productivity Growth for the Host Economy? [J] . Journal of American Academy of Business, 2005, 6 (3): 85 – 91.

[223] Tian XW, Vailo Lo. Foreign Direct Investment and Economic Performance in Transition Economies: Evidence from China [J] . Post Communist Economics, 2004, 16 (12): 416 – 439.

［224］Girma S, Wakelin K. Are There Regional Spillovers from FDI in the UK? ［R］. Conference on Globalisation and Labour Markets, No. 2758, 2002.

［225］Alfaro L, Chanda A, Sayek S. FDI and Economic Growth: The Role of Local Financial Markets ［J］. Journal of International Economic, 2004, 32 (64): 89 – 112.

［226］Choong C, Yusop Z, Soo S. Foreign Direct Investment, Economic Growth and Financial Sector Development: A Comparative Analysis ［J］. ASEAN Economic Bulletin, 2004, 21 (3): 278 – 289.

［227］Ouyang P, Fu SH. Economic Growth, Local Industrial Development and Interregional Spillovers from Foreign Direct Investment: Evidence from China ［J］. China Economic Review, 2012, 23 (2): 445 – 460.

［228］Parcero OJ. Inter – Jurisdiction Subsidy Competition for a New Production Plant: What is the Central Government Optimal Policy? ［J］. Regional Science and Urban Economics, 2007, 37 (6): 688 – 702.

［229］Aitken BJ, Harrison AE. Do Domestic Firms Benefit from Foreign Direct Investment? Evidence from Venezuela ［J］. American Economic Review, 1999, 89 (3): 605 – 618.

［230］Shleifer A. Corruption ［J］. Quarterly Journal of Economics, 1993, 108 (3): 599 – 617.

［231］Tanzi V. Globalization and the Future of Social Protection ［J］. Scottish Journal of Political Economy, 2002, 49 (1): 116 – 127.

［232］Acemoglu D, Verdier T. The Choice between Market Failures and Corruption ［J］. American Economic Review, 2000, 90 (1): 194 – 211.

［233］Tevfik NF, Albert C. , Price Charcles T. A Policy – Oriented Theory of Corruption ［J］. American Political Science Review, 1986, 80 (1): 107 – 119.

［234］Qian YY, Roland G. Federalism and the Soft Budget Constraint ［J］. American Economic Review, 1998, 88 (5): 1143 – 1162.

[235] Moretti E. Estimating the Social Return to Higher Education: Evidence from Longitudinal and Repeated Cross - Sectional Data [J] . Journal of Econometrics, 2004, 121 (1 -2): 175 -212.

[236] Wei SJ, Liu X. Productivity Spillovers from R&D, Exports and FDI in China's Manufacturing Sector [J] . Journal of International Business Studies, 2006, 37 (4): 544 -557.

[237] Barro R, Lee JW. International Data on Educational Attainment: Updates and Implications [J] . Oxford Economic Papers, 2001, 53 (3): 541 -563.

[238] Alfaro L, Cambu S, Kalemli - Ozcan, et al. FDI Spillover, Financial Markets, and Economic Development [R] . IMFWorking Paper, WP/03/ 186, 2003.

[239] Fu X. Foreign Direct Investment, Absorptive Capacity and Regional Innovation Capabilities: Evidence from China [J] . Oxford Development Studies, 2008 (36): 89 -110.

[240] Levinsohn J, Petrin A. Estimating Production Functions Using Inputs to Control for Unobscrvables [J] . Review of Economic Studies, 2003a, 70 (2): 317 -342.

[241] Barrios S, Gorg H. , Strobl E. Foreign Direct Investment, Competition and Industrial Development in the Host Country [J] . European Economic Review, 2005, 49 (7): 1761 -1784.

[242] Keller, Wolf G. Absorptive Capacity: On the Creation and Acquisition of Technology in Development [J] . Journal of Development Economics, 1996 (49): 199 -227.

[243] Olley GS, Pakes A. The Dynamics of Productivity in the Telecommunications Equipment industry [J] . Econometrica, 1996, 64 (6): 1263 -1297.

[244] Blalock G, Gertler J. How Frm Capabilities Affect Who Benefits

from Foreign Technology [J] . Journal of Development Economics, 2009, 90 (2): 192 - 199.

[245] Petrin A, Poi B. , Levinsohn J. Production Function Estimation in Stata Using Inputs to Control for Unobservables [J] . Stata Journal, 2004, 4 (2): 113 - 123.

[246] Arellano M, Bond S. Some Tests of Specification for Panel Data: Monte Carlo Evidence and an Application to Employment Equations [J] . The Review of Economic Studies, 1991, 4 (58): 277 - 297.

[247] Blundell R, Bond S. Initial Conditions and Moment Restrictions in Dynamic Panel Data Models [J] . Journal of Econometrics, 1998 (87): 115 - 143.

[248] Cole MA. Corruption, Income and the Environment: An Empirical Analysis [J] . Ecological Economics, 2007, 62 (3 - 4): 637 - 647.

[249] Nie H, Jia R. Institutional Quality and the Ownerships of Foreign Direct Investment in China [R] . NBER Working Paper, NO. 9846, 2011.

[250] Dong B, Torgler B. Causes of corruption: Evidence from China [J] . China Economic Review, 2013, 14 (26): 152 - 169.

[251] Sun Q, Tong W, Yu Q. Determinants of Foreign Direct Investment Across China [J] . Journal of International Money and Finance, 2002, 21 (1): 79 - 113.

[252] Démurger S, Sachs JD, Woo WT, et al. Geography, Economic Policy, and Regional Development in China [J] . Asian Economic Papers, 2002, 1 (1): 146 - 197.

[253] Mankiw NG, Romer D, Weil DN. A Contribution to the Empirics of Economic Growth [J] . Quarterly Journal of Economics, 1992, 107 (2): 407 - 437.

[254] Wooldridge JM. Applications of Generalized Method of Moments Estimation [J] . Journal of Economic Perspectives, 2001, 15 (4): 87 - 100.

[255] Leff NH, Netto AD. Import Substitution Froeign Investment, and International Disequilibrium in Brazil [J]. Journal of Development Studies, 1966, 2 (3): 218 – 233.

[256] Braguinsky S. Corruption and Schumpeterian Growth in Different Economic Environments [J]. Contemporary Economic Policy, 1996, 14 (3): 14 – 25.

[257] Braun M, Tella RD. Inflation, Inflation Variability, and Corruption [J]. Economics & Politics, 2004, 16 (1): 77 – 100.

[258] Swaleheen M, Stansel D. Economic Freedom, Corruption and Growth [J]. Cato Journal, 2007, 27 (3): 12 – 34.

[259] Aidt T, Dutta J, Sena V. Governance Regimes, Corruption and Growth: Theory and Evidence [J]. Journal of Comparative Economics, 2008, 36 (2): 195 – 220.

[260] Goel RK, Rich DP. On the Economic Incentives for Taking Bribes [J]. Public Choice, 1989, 61 (3): 269 – 275.

[261] Glaeser EL, Saks RE. Corruption in America [J]. Journal of Public Economics, 2006, 90 (6 – 7): 1053 – 1072.

[262] Campante F, Do QA. Isolated Capital Cities, Accountability and Corruption : Evidence from US States. NBER Working Paper, No. 19207, 2013.

致　　谢

　　自 2015 年 3 月 24 日博士毕业以来，至今已满四年；自 2010 年 5 月 10 日确定考上博士研究生以来，至今已近九年；自 2003 年 8 月 5 日接到大学录取通知书以来，至今已过去十五年有余；自 1989 年 9 月 1 日初入校园以来，至今已过去近三十年。回首过往时光，行走在人生的第三十七个年头，心情浮沉，思绪万千，无数感慨，竟不知从何说起，细细理排，逐渐形成以下脉络：

　　首先，得上天庇佑，自己能够考上博士研究生，能够成为魏玮教授的学生，实为我的幸运。老师渊博的知识、严谨的治学态度、高尚的人格，令学生深深佩服。师从老师近五年，无论在毕业论文的指导上，还是在生活中的其他方面，学生都让老师费心劳神。也正是在老师的耐心指导与严厉要求下，学生切身体会到做事于实、做人于诚的道理。这是自己一生的财富，学生将牢记老师的教诲，乐观而执著地去迎接前面的生活。在此，真诚地向魏玮老师表示衷心的感谢！

　　其次，可以说，自己能够求学二十五载，这是父母用血汗成就的，是姐姐用放弃自己的求学机会达成的。没有他（她）们，我的求学之路也将在某个时点停止。走过人生三十余载，如今父母已满目苍颜，如今姐姐仍辛苦劳作。我不知道，自己此生能否有机会报答他（她）们的深恩，但我明白，我一定要努力，我不能让他（她）们失望。于此时刻，我真诚地祈求上天庇佑，愿他（她）们健康、平安、幸福！

　　再次，博士研究生期间，我有幸遇到很多朋友。感谢同门给我学习上的帮助；感谢同学给我生活中带来的欢乐。特别感谢"蜗牛公社"中的所有成员，他们无论在学习上，还是在生活中，都给予了我物质上的支持与精神上的鼓励。此去他年，也许"蜗牛公社"已成记忆，但于此结下的情谊，宋一弘将铭记于心。

最后，感谢西安交通大学给自己求学的机会，在此学习生活近五载，所学、所见、所闻、所感令我获益匪浅；感谢经济与金融学院的所有老师；感谢那些在自己困难或迷惑时给予无声帮助的人们。

人于苍海，为之一粟，有幸遇到很多真诚、友善且追求进步的朋友，这实为我的福祉。站在人生的端口，心情浮沉，不知多年之后，自己将是饮尽孤独，还是阅尽庸俗。也许个体与生活之间，跋涉是不变的主题，追求是永恒的真谛。故而，无论前面风景如画还是雨雪交加，我都将以"从道而不从君"的态度实践许下承诺，坦然而无愧（无悔）地面对轮回安排下的人与事，以不负于心，不负那些于己有恩、有缘的人们。

作者：宋一弘
2019 年 3 月